Kauderwe
Band 135

Impressum

Grit Weirauch
Spanisch für Peru — Wort für Wort
erschienen im
REISE KNOW-HOW Verlag Peter Rump GmbH
Osnabrücker Str. 79, D-33649 Bielefeld
info@reise-know-how.de

Bearbeitung & Layout	Claudia Schmidt
Layout-Konzept	Günter Pawlak, FaktorZwo! Bielefeld
Umschlag	Peter Rump
Kartographie	Iain Macneish
Fotos	Martin Grimsehl, Grit Weirauch
Druck und Bindung	Fuldaer Verlagsagentur GmbH & Co. KG, Fulda

ISBN 3-89416-519-7
Printed in Germany

Dieses Buch ist erhältlich in jeder Buchhandlung der BRD,
Österreichs, der Schweiz und der Benelux. Bitte informieren
Sie Ihren Buchhändler über folgende Bezugsadressen:

BRD Prolit GmbH, Postfach 9, 35461 Fernwald (Annerod)
sowie alle Barsortimente

Schweiz AVA-buch 2000, Postfach 27, CH-8910 Affoltern

Österreich Mohr Morawa Buchvertrieb GmbH,
Sulzengasse 2, A-1230 Wien

Belgien & Niederlande Willems Adventure, Postbus 403, NL-3140 AK Maassluis

direkt Wer im Buchhandel kein Glück hat, bekommt unsere Bücher
zuzüglich Porto- und Verpackungskosten auch direkt
über unseren Internet-Shop: **www.reise-know-how.de**
Zu diesem Buch ist ein **AusspracheTrainer** erhältlich, ebenfalls in jeder Buchhandlung der BRD, Österreichs, der
Schweiz und der Benelux-Staaten.
Der Verlag möchte die **Reihe Kauderwelsch**
weiter ausbauen und **sucht Autoren**!
Mehr Informationen finden Sie auf unserer Internetseite
www.reise-know-how.de/buecher/special/
schreiblust-inhalt.html

Kauderwelsch

Grit Weirauch

Spanisch für Peru

Wort für Wort

REISE KNOW-HOW
im Internet
www.reise-know-how.de
info@reise-know-how.de

*Aktuelle Reisetipps
und Neuigkeiten,
Ergänzungen nach
Redaktionsschluss,
Büchershop und
Sonderangebote
rund ums Reisen*

Kauderwelsch-Sprechführer sind anders!

Warum? Weil sie Sie in die Lage versetzen, wirklich zu sprechen und die Leute zu verstehen.

Wie wird das gemacht? Abgesehen von dem, was jedes Sprachbuch bietet, nämlich Vokabeln, Beispielsätze etc., zeichnen sich die Bände der Kauderwelsch-Reihe durch folgende Besonderheiten aus:

Die **Grammatik** wird in einfacher Sprache so weit erklärt, dass es möglich wird, ohne viel Paukerei mit dem Sprechen zu beginnen, wenn auch nicht gerade druckreif.

Alle Beispielsätze werden doppelt ins Deutsche übertragen: zum einen **Wort-für-Wort**, zum anderen in „ordentliches" Hochdeutsch. So wird das fremde Sprachsystem sehr gut durchschaubar. Denn in einer fremden Sprache unterscheiden sich z. B. Satzbau und Ausdrucksweise recht stark vom Deutschen. Ohne diese Übersetzungsart ist es so gut wie unmöglich, schnell einzelne Wörter in einem Satz auszutauschen.

Die **Autorinnen** und **Autoren** der Reihe sind Globetrotter, die die Sprache im Land selbst gelernt haben. Sie wissen daher genau, wie und was die Leute auf der Straße sprechen. Deren Ausdrucksweise ist nämlich häufig viel einfacher und direkter als z. B. die Sprache der Literatur oder des Fernsehens.

Besonders wichtig sind im Reiseland **Körpersprache, Gesten, Zeichen** und **Verhaltensregeln**, ohne die auch Sprachkundige kaum mit Menschen in guten Kontakt kommen. In allen Bänden der Kauderwelsch-Reihe wird darum besonders auf diese Art der nonverbalen Kommunikation eingegangen.

Kauderwelsch-Sprechführer sind keine Lehrbücher, aber viel mehr als Sprachführer! Wenn Sie ein wenig Zeit investieren und einige Vokabeln lernen, werden Sie mit ihrer Hilfe in kürzester Zeit schon Informationen bekommen und Erfahrungen machen, die „taubstummen" Reisenden verborgen bleiben.

Inhalt

Grammatik

Konversation

Anhang

Vorwort

Dieser Sprechführer ist für all diejenigen gedacht, die auf eigene Faust – ohne deutsche Reiseleitung – Peru erkunden wollen. Natürlich kommt man auch mit Englisch in Peru mehr schlecht als recht voran und wird dann eher die „Touristenpreise" bezahlen.

Mit der Landessprache hingegen eröffnet sich eine andere Welt. Abseits der Touristenkarawanen und der breitgetrampelten Wege wird man interessante Begegnungen mit Menschen erleben und so bald einen tieferen Einblick in die Lebensweise und Mentalität der gastfreundlichen Peruaner gewinnen.

Das Land hat an Attraktionen viel zu bieten: Ruinen und Zeugnisse von Inka- bzw. Vorinkakultur, atemberaubende Andenlandschaften für den Trekkingfreund und der inzwischen fast allzubekannte Camino Inka nach Machu Picchu. Und dann lockt da noch die Selva des Amazonasbeckens: riesige Gebiete an Regenwald, die noch zu entdecken sind und in die man oft nur mit dem Boot vordringen kann.

Das Spanisch Perus weist in einigen Punkten Besonderheiten auf – nicht zuletzt durch den starken Einfluss des Quechua, das viele Wörter und ganze Satzstrukturen ins Castellano hineingebracht hat. Der vorliegende Kauderwelschband trägt dieser Vielfalt Rechnung.

Hinweise zur Benutzung

Der Sprechführer „Spanisch für Peru" gliedert sich in die drei wichtigen Hauptabschnitte „Grammatik", „Konversation" und „Wörterliste".

Grammatik Die Grammatik beschränkt sich auf das Wesentliche und ist so einfach gehalten wie möglich. Deshalb sind auch nicht alle Ausnahmen und Unregelmäßigkeiten der Sprache erklärt. Wer nach der Lektüre dieses Büchleins tiefer in die Grammatik der spanischen Sprache eindringen möchte, findet im Anhang Hinweise auf weiterführende Literatur. Wer bereits über Spanischvorkenntnisse verfügt, mag nur auf die Eigentümlichkeiten und die Umgangssprache konzentrieren. Aber auch der Anfänger wird sich mit Hilfe der einfach erklärten Grammatik sofort verständlich machen können und dann im Konversationsteil alles finden, um „mitzureden".

Konversation In diesem Teil finden Sie Sätze aus dem Alltagsgespräch, die Ihnen einen ersten Eindruck davon vermitteln sollen, wie die spanische Sprache „funktioniert" und die Sie auf das vorbereiten sollen, was Sie später in Peru hören werden – denn was man vorher schon einmal gelesen hat, versteht man später viel leichter. Sowie man sich auch nur ein wenig vom Allerallgemeinsten entfernt, wird es unwahrscheinlich, dass Sie exakt den gewünschten Satz hier finden werden. Benutzen Sie die

Beispielsätze also auch als Fundus von Satzschablonen und -mustern, die Sie selbst Ihren Bedürfnissen anpassen.

Damit Sie die Wortfolge des Spanischen in den Beispielsätzen nachvollziehen können, ist eine Wort-für-Wort-Übersetzung in kursiver Schrift ergänzt. Jedem spanischen Wort entspricht ein Wort in der Wort-für-Wort-Übersetzung. Wird ein spanisches Wort im Deutschen durch zwei Wörter übersetzt, sind diese in der Wort-für-Wort-Übersetzung durch einen Bindestrich verbunden. Wörter, die nur zum besseren Verständnis ergänzt wurden, stehen in Klammern, z. B.:

Wort-für-Wort-Übersetzung

Quiero llamar por teléfono.
(ich-)möchte rufen für Telefon
Ich möchte telefonieren.

Werden in einem Satz mehrere Wörter angegeben, die man untereinander austauschen kann, steht ein Schrägstrich.

¿Dónde está el restaurant/baño?
wo sich-befindet der Restaurant/Toilette
Wo ist ein Restaurant/die Toilette?

Ez	Einzahl (Singular)	**Abkürzungen**
Mz	Mehrzahl (Plural)	
w	weiblich (femminin)	
m	männlich (maskulin)	
Umst.	Umstandswort (Adverb)	

Mit Hilfe der Wort-für-Wort-Übersetzung können Sie die Beispielsätze leicht Ihren eigenen Bedürfnissen anpassen, auch wenn das Ergebnis nicht immer perfekt ist.

Wörterlisten

Die Wörterlisten am Ende des Buches helfen Ihnen dabei. Sie enthalten einen Grundwortschatz „Deutsch – Castellano" und „Castellano – Deutsch" von je ca. 1000 Wörtern, mit denen man schon eine Menge anfangen kann.

Umschlagklappe

Die Umschlagklappe hilft, die wichtigsten Sätze und Formulierungen stets parat zu haben. Hier finden sich schnell die wichtigsten Angaben zur Aussprache und eine kleine Liste der wichtigsten Fragewörter, Richtungs- und Zeitangaben. Aufgeklappt ist der Umschlag eine wesentliche Erleichterung, da nun die gewünschte Satzkonstruktion mit dem entsprechenden Vokabular aus den einzelnen Kapiteln kombiniert werden kann.

Wenn alles nicht mehr weiterhilft, dann ist vielleicht das Kapitel „Nichts verstanden? – Weiterlernen!" der richtige Tipp. Es befindet sich ebenfalls im Umschlag, stets bereit, mit der richtigen Formulierung für z. B. „Ich habe leider nicht verstanden." oder „Wie bitte?" auszuhelfen.

Zahlen

Um Ihnen den Umgang mit denZahlen zu erleichtern, wird auf jeder Seite die Seitenzahl auch auf Spanisch angegeben!

Sprachen in Peru

Die offizielle Landessprache Castellano wurde von den Spaniern zu Beginn des 16. Jahrhunderts eingeführt und wird heute von mehr als zwanzig Millionen Peruanern, das sind rund 80% der Bevölkerung, gesprochen. Castellano (Kastilisch) ist das lateinamerikanische Spanisch und nicht zu verwechseln mit dem Español, das man in Spanien spricht.

Außerdem gibt es in Peru eine Vielzahl von indigenen Sprachen und Dialekten. Allein das Quechua, die bekannteste und weitverbreiteste Indiosprache, besitzt über 30 Dialekte. Quechua, das von den Quechua-Sprechenden selber Runasimi („das Menschenwort") genannt wird, war die Sprache des Inkareiches und hinterließ viele Spuren im Castellano Perus. Dazu gehören Wörter wie papa (Kartoffel), quinua (Getreideart) oder cuy (Meerschweinchen) aber auch die Bezeichnungen für die Lamaarten guanaco, vicuña und alpaca.

Was sich vor allem jedoch vom Spanisch in Spanien unterscheidet, sind Grammatikstrukturen, die vom Quechua aufs Castellano übertragen werden. So setzt ein Andenbewohner z. B. das Tätigkeitswort oft ans Ende des Satzes, wie es für ihn als Quechuasprecher gang und gäbe ist.

Quechua ist heute für rund 16% der Peruaner, also mehr als viereinhalb Millionen Menschen, die Muttersprache.

Sprachen in Peru

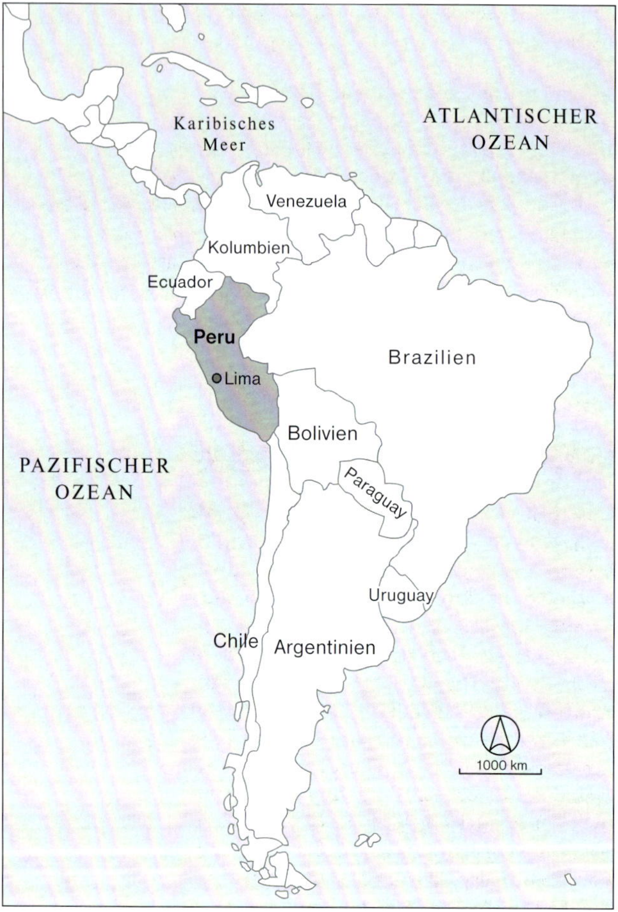
Karibisches Meer
ATLANTISCHER OZEAN
Venezuela
Kolumbien
Ecuador
Peru
Lima
Brazilien
Bolivien
PAZIFISCHER OZEAN
Paraguay
Uruguay
Chile
Argentinien
1000 km

Eine dem Quechua verwandte Sprache ist das Aymara, das man vor allem in der Gegend um Puno und den Titicacasee antrifft.

Im Amazonasgebiet, in dem über 60 verschiedene Ethnien leben, gibt es außerdem unzählige Sprachen, von denen viele noch unerforscht geblieben sind. Größere Sprachfamilien bilden die der Arahuacas (Arauken) im südwestlichen Teil des Amazonas oder der Jíbaro/Shuar im Nordwesten. In dem Gebiet um Iquitos sprechen die Amazonasindianer Tupi Guarani bzw. Pepa-Yagua.

Es schleichen sich erfolgreich englische Wörter ein, wie z. B. full (voll) oder sleeping (Schlafsack).

Natürlich wird, gerade in letzter Zeit, der Einfluss des Englischen – vor allem im Tourismusbereich – immer sichtbarer.

Peruanismen

Durch die eigenständige Entwicklung des peruanischen Spanisch über viele Jahrhunderte hinweg unterscheidet es sich heute doch erheblich vom Spanisch, das in Spanien gesprochen wird. Gleiche Wörter haben manchmal eine andere Bedeutung und Gegenstände werden anders benannt. Zum Beispiel wird man oft de repente hören, was in Spanien „plötzlich" bedeutet und in Peru im Sinne von „vielleicht" verwendet wird. Oder man erwartet „Mineralwasser", wenn man in Spanien im Restaurant gaseosa bestellt. In Peru würde man aber irgendeine Sorte eines kohlensäurehaltigen Getränks, sei es nun Cola oder Limonade, bekommen.

vom Spanischen abweichendes Vokabular

	Peruanisch	Spanisch
aufstehen	pararse	levantarse
Auto	carro	coche
Erdnüsse	maní	cacahuetes
Erfrischungsgetränk	gaseosa	refresco
Fahrkarte	boleto	billete
Feld	chacra	campo
Glühbirne	foco	bombilla
kontrollieren	chequear	controlar
Mais	choclo	maíz
Parkplatz	playa de estacionamiento	aparcamiento/ parking
Pullover	chompa	suéter
Reifen	llanta	neumático
Schuhe putzen	lustrar	limpiar
Schuhputzer	lustrabotas	limpiabotas
Schwein	chancho	cerdo
sich beeilen	apurarse	tener prisa
Stadtviertel	distrito	barrio
Streichhölzer	fósforos	cerillas
Streik	paro	huelga
vielleicht	de repente	quizas
voll	full	lleno
Wohnung	departamento	apartamento
Zelt	carpa	tienda de campaña

Vor allem auch das Quechua hat seine Spuren im Wortschatz Perus hinterlassen. Einige dieser auch bei uns gebräuchlichen Begriffe sollen hier vorgestellt werden.

Quechuawörter

alalau	Ausruf bei Kälte („brrrr!")
akakallau	Ausruf bei Entsetzen („o je!")
añañau	Ausruf bei leckerem Essen („mmh!")
cuy	Meerschweinchen
chullo	(traditionelle) Mütze
chacra	Feld
llama	Lama
pampa	Ebene
papa	Kartoffel
puma	Puma
quinoa	Quinoa (Getreideart aus dem Andenhochland)

Aussprache & Betonung

Die Aussprache ist einfach. Allerdings werden einige Buchstaben anders ausgesprochen als bei uns.

Selbstlaute

Die Selbstlaute (Vokale) a, e, i, o, u werden immer ganz kurz und offener als im Deutschen ausgesprochen.

Zwei aufeinander folgende Selbstlaute spricht man getrennt.

ie	wie in „Famil**ie**", nicht wie in „M**ie**te" **abierto** (offen)
ei	wie „äi" in „Hebr**äi**sch", nicht wie „**Ei**" **aceite** (Öl)
eu	wie „äu" in „Jubil**äu**m", nicht wie in „H**eu**" **Europa** (Europa)

Mitlaute

Die meisten Mitlaute (Konsonanten) und Silben werden wie im Deutschen ausgesprochen. Nur das Zungen-r (ähnlich wie das „bayrische r"), das vor allem am Wortanfang stark gerollt wird, stellt sicherlich eine Umstellung dar.

Aber auch mit dem einfachen „r" wird man verstanden!

b, v	am Wortanfang wie „b" in „**B**ier" **viento** (Wind), **botella** (Flasche) sonst wie „w" in „**W**asser" **tabaco** (Tabak)

c	wie „k" in „**K**amm"	
	casa (Haus)	
ce, ci	wie „ß" in „bei**ß**en"	
	centro (Zentrum), **cine** (Kino)	
ch	wie „tsch" in „Pri**tsche**"	
	chocolate (Schokolade)	
ge, gi	wie rauhes „ch" in „Ba**ch**"	
	gente (Leute)	
gue, gui	wie in „**ge**ben" bzw. „**Gi**tarre"	*Das u in gue/gui ist*
	guerra (Krieg), **guía** (Führer)	*stumm und*
h	wird nicht gesprochen	*kennzeichnet,*
	hola (hallo)	*dass das g nicht*
j	wie rauhes „ch" in „Ba**ch**"	*wie rauhes „ch"*
	naranja (Orange)	*ausgesprochen wird.*
ll	wie „j" in „**J**unge"	
	calle (Straße)	
ñ	wie „nj" in „A**nj**a"	
	mañana (morgen)	
qu	immer wie „k", das **u** ist stumm!	
	queso (Käse)	
r	kurz gerolltes Zungen-r,	
	nur am Wortanfang stark gerollt	
	restaurant (Restaurant)	
rr	stark gerolltes Zungen-r	
	perro (Hund)	
s	scharfes „ss" wie in „Me**ss**er"	
	sol (Sonne)	
y	am Wortende/alleinstehend wie „i"	
	hoy (heute), **y** (und)	
	sonst wie „j" in „**J**unge"	
	desayuno (Frühstück)	
z	wie „ß" in „bei**ß**en"	
	plaza (Platz)	

Betonung

Endet das Wort auf einen Selbstlaut (a, e, i, o, u), -n oder -s, wird die vorletzte Silbe betont.

desa**yu**no	Frühstück
hablan	sie sprechen
vaca**cio**nes	Ferien
espa**ñol**	Spanisch
hab**lar**	sprechen

Sonst liegt die Betonung immer auf der letzte Silbe.

Kauderwelsch-AusspracheTrainer

*Falls Sie sich die wichtigsten spanischen Sätze, die in diesem Buch vorkommen, einmal von einem Einheimischen gesprochen anhören möchten, kann Ihnen Ihre Buchhandlung den **AusspracheTrainer** zu diesem Buch besorgen. Sie bekommen ihn auch über unseren Internetshop **www.reise-know-how.de** Alle Sätze, die Sie auf dem **Kauderwelsch-AusspracheTrainer** hören können, sind in diesem Buch mit einem 🔊 gekennzeichnet.*

Wörter mit einem Akzent werden immer auf dem Akzent betont.

ca**fé**	Kaffee
te**lé**fono	Telefon

Akzente setzt man auch auf Fragewörter und um gleichlautende Wörter voneinander zu unterscheiden.

¿cómo?	**el – él**
wie?	der – er

Satzzeichen, Groß- & Kleinschreibung

Im Spanischen stehen zu Beginn eines Frage- oder Ausrufesatzes die Satzzeichen auch auf dem Kopf stehend (¿, ¡) am Satzanfang.

Wie im Englischen werden nur Eigennamen und Satzanfänge groß geschrieben, alle anderen Wörter werden klein geschrieben.

¡Hola!	Hallo!
¿Qué tal?	Wie geht's?

Wörter, die weiterhelfen

Mit den folgenden Ausdrücken kann man schon das Wichtigste auf Spanisch sagen:

Quiero...	Ich möchte ...

Quiero un pasaje.
(ich-)möchte ein Fahrschein
Ich möchte einen Fahrschein.

Quiero un café.
(ich-)möchte ein Kaffee
Ich möchte einen Kaffee.

Quiero una habitación.
(ich-)möchte ein Zimmer
Ich möchte ein Zimmer.

¿Hay...?	Gibt es ...?

¿Hay un restaurant?
es-gibt ein Restaurant
Gibt es ein Restaurant?

¿Hay una farmacia?
es-gibt eine Apotheke
Gibt es eine Apotheke?

Sí, hay.	**No, no hay.**
ja, es-gibt	*nein, nicht es-gibt*
Ja, gibt es.	Nein, gibt es nicht.

¿Dónde está ...?   Wo ist ...?

¿Dónde está el baño?
Wo ist die Toilette?

¿Dónde está la estación?
Wo ist der Bahnhof?

¿Dónde está el hotel?
Wo ist das Hotel?

Die wichtigsten Richtungsangaben sind:

todo recto	geradeaus
a la izquierda	links
a la derecha	rechts

¿Cuánto cuesta ...?   Wie viel kostet ...?

¿Cuánto cuesta la entrada?
Wie viel kostet der Eintritt?

¿Cuánto cuesta el mapa?
Wie viel kostet die Landkarte?

¿Cuánto cuesta esto?
Wie viel kostet das?

Hauptwörter

Anders als im Deutschen werden Hauptwörter (Substantive) nicht gebeugt.

grammatisches Geschlecht

Die spanischen Hauptwörter sind entweder männlich (abgekürzt „m") oder weiblich („w"). Das sächliche Geschlecht („das") gibt es im Spanischen nicht. Oft erkennt man das grammatische Geschlecht an der Wortendung. Es gibt allerdings einige Ausnahmen.

Artikel

Man unterscheidet zwischen bestimmtem (der, die) und unbestimmtem Artikel (ein, eine). Letzterer besitzt – anders als im Deutschen – eine Mehrzahlform, die man mit „mehrere, einige" übersetzen kann.

	männlich		weiblich		bestimmter Artikel
Ez	**el**	der	**la**	die	
Mz	**los**	die	**las**	die	

	männlich		weiblich		unbestimmter Artikel
Ez	**un**	ein	**una**	eine	
Mz	**unos**	einige	**unas**	einige	

Endungen

Männliche Hauptwörter enden meist auf ...

männliche Endungen		
-o	**el libro**	das Buch
-r	**un bar**	eine Bar
-l	**el hotel**	das Hotel
-n	**un alemán**	ein Deutscher

Ausnahmen	
la mano	die Hand
la moto	das Motorrad
la foto	das Foto

Viele Hauptwörter auf -ama, -ema, -oma sind männlich:

el problema	das Problem
el programa	das Programm

Weibliche Hauptwörter enden meist auf ...

weibliche Endungen		
-a	**la plaza**	der Platz
-d	**una ciudad**	eine Stadt
-z	**la paz**	der Frieden
-ción	**una estación**	ein Bahnhof

Ausnahmen	
el día	der Tag
el mapa	die Landkarte
el avión	das Flugzeug
el camión	der LKW

Einige Wörter, die im Español weiblich sind, gelten in Lateinamerika als männlich, z. B.:

el radio	das Radio
el sartén	die Pfanne
el vuelto	das Wechselgeld

Weibliche Hauptwörter, die mit einem betonten -a oder -ha beginnen, stehen zur besseren
Aussprache mit dem männlichen Artikel.

| el agua | das Wasser |
| el alma | die Seele |

Im sprachlichen Gebrauch bleiben sie jedoch
weiblichen Geschlechts.

Das grammatische Geschlecht wird in den Tabellen im Text und in den Wörterlisten nur gekennzeichnet, wenn es nicht eindeutig ist. Hat ein Hauptwort eine andere Endung als hier angegeben und ist es nicht gekennzeichnet, so ist es männlich.

Mehrzahl

Endet das Hauptwort auf einen Selbstlaut,
hängt man einfach -s an, ansonsten -es.

la niña	das Mädchen
las niñas	die Mädchen
el pan	das Brot
los panes	die Brote

Verkleinerung

Eine hübsche Sitte in Peru, wie auch in anderen lateinamerikanischen Ländern, ist, die
Verkleinerungsform von Hauptwörtern zu
verwenden. Dies ist nicht nur als Vernied-
lichung gemeint, sondern einfach Ausdruck
der Herzlichkeit. Als Endungen dienen hierbei meistens -ito (m) oder -ita (w).

la casa	das Haus
la casita	das Häuschen
un beso	ein Kuss
un besito	ein Küsschen

Die Angewohnheit zu „verkleinern" betrifft nicht nur Hauptwörter, sondern hat auf fast alle Wortarten übergriffen. So wurde aus chico (klein) chiquito oder noch niedlicher chiquitito (klitzeklein); acá (hier) wird zu acacito („hier-chen") und ahora (jetzt) zu ahorita („jetzt-chen"), womit allerdings nicht unbedingt „jetzt gleich" oder gar „sofort" gemeint sein muss!

Dieses & Jenes

Während wir im Deutschen nur „dieses" und „jenes" unterscheiden, kennt man im Spanischen drei hinweisende Fürwörter: este verweist auf Sachen und Personen, die sich nahe beim Sprecher befinden, ese auf etwas, was in der Nähe des Angesprochenen ist und aquel auf örtlich oder zeitlich vom Sprecher weiter Entferntes.

Die hinweisenden Fürwörter stehen vor dem Hauptwort, auf das sie sich beziehen, und richten sich in Zahl und Geschlecht nach diesem.

esto	dies (hier bei mir)
este libro (m/Ez)	dieses Buch
esta casa (w/Ez)	dieses Haus
estos libros (m/Mz)	diese Bücher
estas casas (w/Mz)	diese Häuser
eso	das da (bei dir)
ese perro (m/Ez)	der Hund da
esa mochila (w/Ez)	der Rucksack da
esos hoteles (m/Mz)	diese Hotels da
esas cartas (w/Mz)	diese Briefe
aquello	jenes/das dort (bei ihm)
aquel pueblo (m/Ez)	jenes Dorf
aquella noche (w/Ez)	jene Nacht
aquellos hombres (m/Mz)	jene Männer/ Menschen
aquellas mujeres (w/Ez)	jene Frauen

Ese, esa etc. wird oft auch abwertend gebraucht, z. B. ese tipo (der Typ da).

Esto, eso und aquello ersetzen Hauptwörter und stehen allein.

¿Qué es esto/eso/aquello?
Was ist dies/das/jenes?

Esto es un mapa.
Das ist eine Landkarte.

Eso wird häufig auch in feststehenden Wendungen gebraucht.

Eso es.
Stimmt.

Eso sí/no.
(verstärktes) Ja./Nein.

Besitzanzeigende Fürwörter

Die besitzanzeigenden Fürwörter (Possessivpronomen) stehen immer vor dem Hauptwort, auf das sie sich beziehen. Im Spanischen unterscheidet nur nuestro (unser), ob es sich auf ein männliches oder weibliches Hauptwörter bezieht.

Achtung: su *kann ganz Verschiedenes bedeuten!*

mi	mein	**nuestro/-a**	unser
tu	dein	**su**	euer
su	sein/ihr/Ihr	**su**	ihr/Ihr

Die Mehrzahl wird durch Anhängen von -s gebildet:

mi coche
mein Auto

mis coches
meine Autos

tu hermana
deine Schwester

tus hermanas
deine Schwestern

su amigo
sein/ihr/euer/Ihr Freund

sus amigos
seine/ihre/eure/Ihre Freunde

nuestro cuarto
unser Zimmer

nuestros cuartos
unsere Zimmer

nuestra profesora
unsere Lehrerin

nuestras profesoras
unsere Lehrerinnen

Will man hervorheben, dass etwas „mir/dir" usw. gehört, verwendet man die betonten Formen der besitzanzeigenden Fürwörter. Diese werden dem Hauptwort nachgestellt und stimmen in Geschlecht und Zahl mit ihm überein. Für die weibliche Form wird die Endung -o durch -a ersetzt, für die Mehrzahl wird jeweils ein -s angehängt.

mío	mein	**nuestro**	unser
tuyo	dein	**suyo**	euer
suyo	sein, ihr, Ihr	**suyo**	ihr, Ihr

Auch als Satzergänzung richten sich die betonten Formen nach dem dazugehörigen Hauptwort in Geschlecht und Zahl.

Este perro es tuyo?
dieser Hund ist dein
Gehört dieser Hund dir?

Estas maletas son mías.
diese Koffer sind meine
Diese Koffer gehören mir.

Eigenschaftswörter

Anders als im Deutschen stehen Eigenschaftswörter (Adjektive) meist nach dem Hauptwort, auf das sie sich beziehen, und richten sich in Geschlecht und Zahl immer nach diesem.

Man unterscheidet zwei Gruppen:

Eigenschaftswörter auf -o

Alle Eigenschaftswörter, die auf -o enden, bilden die weibliche Form auf -a, für die Mehrzahl wird jeweils -s angehängt.

el libro bonito	**los libros bonitos**
das Buch schön	*die Bücher schöne*
das schöne Buch	die schönen Bücher

la chica bonita	**las chicas bonitas**
die Mädchen schöne	*die Mädchen schöne*
das schöne Mädchen	die schönen Mädchen

Bezieht sich das Eigenschaftswort auf Personen und Sachen unterschiedlichen (grammatischen) Geschlechts, so verwendet man in der Mehrzahl die männliche Form.

Juana y Pedro son muy simpáticos.
Juana und Pedro sind sehr sympathische
Juana und Pedro sind sehr sympathisch.

alle übrigen Eigenschaftswörter

Alle anderen Eigenschaftswörter haben nur eine gemeinsame Endung für beide grammatische Geschlechter. Für die Mehrzahl wird -s (nach einem Selbstlaut) bzw. -es (nach einem Mitlaut) angehängt.

la película interesante
die Film interessant
der interessante Film

las películas interesantes
die Filme interessante
die interessanten Filme

el libro interesante **los libros interesantes**
der Buch interessant *die Bücher interessante*
das interessante Buch die interessanten Bücher

el carro azul **los carros azules**
der Wagen blau *die Wagen blaue*
der blaue Wagen die blauen Wagen

Kurzformen

Einige wenige Eigenschaftswörter können auch vor dem Hauptwort stehen. für das männliche Eigenschaftswort in der Einzahl benutzt man dann allerdings eine verkürzte Form.

bueno	gut
un buen amigo	ein guter Freund
malo	schlecht
mal humor	schlechte Laune
alguno	irgendein
algún hombre	irgendein Mann/Mensch
ninguno	kein
ningún chico	kein Junge

Grande (groß) wird sowohl in der weiblichen als auch männlichen Form Einzahl verkürzt, wenn es vor dem Hauptwort steht.

un gran hombre	ein großer Mann
una gran mujer	eine große Frau

Die Eigenschaftswörter mucho (viel), poco (wenig) und otro (ein anderer) stehen immer vor dem Hauptwort. Vor otro steht übrigens nie der unbestimmte Artikel.

mucho tiempo	viel Zeit
poco dinero	wenig Geld
otra amigo	eine andere Freundin

Umstandswörter

Mit Umstandswörtern kann man Tätigkeitswörter näher beschreiben. Um Umstandswörter aus Eigenschaftswörtern zu bilden, hängt man an die weibliche Form des Eigenschaftswortes die Endung -mente.

lento (m)/**lenta** (w)	langsam
lentamente	langsam (Umst.)
rápido (m)/**rápida** (w)	schnell
rápidamente	schnell (Umst.)

Das Umstandswort (in der Wort-für-Wort-Übersetzung mit der Abkürzung „Umst." gekennzeichnet) sagt, wie etwas geschieht:

El coche va rápidamente.
das Auto geht schnell(Umst.)
Das Auto fährt schnell.

Es ist allerdings sehr verbreitet, wenn auch nicht ganz korrekt, anstelle der Umstandswörter die Eigenschaftswörter selbst zu benutzen.

Einige Umstandswörter bilden unregelmäßige Formen:

bueno	gut
bien	gut (Umst.)
malo	schlecht
mal	schlecht (Umst.)

Steigern & Vergleichen

Eigenschaftswörter lassen sich auf zwei verschiedene Arten steigern bzw. „verstärken".

verstärken

Zur Verstärkung stellt man entweder muy voran oder hängt die Endung -ísimo/ -ísima an das Eigenschaftswort.

Esta comida es muy barata.
dieses Essen ist sehr billig/billigst
Dieses Essen ist sehr billig.

Esta comida es baratísima.
dieses Essen ist billigst
Dieses Essen ist spottbillig.

steigern

Um Eigenschaftswörter zu steigern, stellt man das Wort más (mehr) dem Eigenschaftswort voran (Komparativ). Für die Höchstform (Superlativ) wird darüber hinaus der Artikel des zugehörigen Hauptwortes ergänzt.

nuevo	más nuevo	el más nuevo
neu	neuer	neuester

Das Eigenschaftswort und der Artikel richten sich auch in der Steigerung nach dem voranstehenden Hauptwort in Zahl/Geschlecht.

el coche el más nuevo   **la mochila más nueva**
das Auto das mehr neu   *der Rucksack mehr neue*
das neueste Auto   der neuere Rucksack

las noticias las más nuevas
die Nachrichten die mehr neue
die neuesten Nachrichten

Einige Eigenschaftswörter haben eine unregelmäßige Steigerungsformen, dabei entfällt das ansonsten vorangestellte más.

bueno	gut	**mejor**	besser
malo	schlecht	**peor**	schlechter
grande	groß	**mayor**	größer
pequeño	klein	**menor**	kleiner
mucho	viel	**más**	mehr
poco	wenig	**menos**	weniger

Statt mayor *oder* menor *hört man auch* más grande *bzw.* más pequeño!

Mayor und menor auf Personen angewandt bedeutet allerdings nicht „größer" bzw. „kleiner" sondern „älter" bzw. „jünger".

una persona mayor   **un hermano menor**
eine Person größer   *ein Bruder kleiner*
eine ältere Person   ein jüngerer Bruder

vergleichen

Will man Sachen oder Personen miteinander vergleichen (die unterschiedlich sind), so stellt man dem Eigenschaftswort más (mehr) bzw. menos (weniger) voran, es folgt que (als)

und das Vergleichsobjekt. Achtung: Auch in Vergleichssätzen richtet sich das Eigenschaftswort in Zahl und Geschlecht nach dem Bezugswort.

Este coche es más caro que el viejo.
dieses Auto ist mehr teuer als der älter
Dieses Auto ist teurer als das alte.

Cusco und Arequipa sind zwei wichtige Städte in den Anden.

Cusco es menos grande que Arequipa.
Cusco ist weniger groß als Arequipa
Cusco ist kleiner als Arequipa.

Este guía es mejor que ese.
dieser Reiseführer ist besser als der da
Dieser Reiseführer ist besser als der da.

Es ist allerdings auch in Peru oft üblich, anstatt der Umstandswörter die Eigenschaftswörter zu benutzen.

Ist das Tätigkeitswort in einem Vergleichssatz weder ser (sein) noch estar (sein, sich befinden), wird statt des Eigenschaftswortes das unveränderliche Umstandswort genommen.

Este coche va más rápidamente que aquel.
dieses Auto geht mehr schnell(Umst.) als jenes
Dieses Auto fährt schneller als jenes.

Eine Gleichheit drückt man mit tan ... como (so ... wie) aus.

Susana es tan bonita como su hermana.
Susana ist so hübsche wie ihr Schwester
Susana ist genauso hübsch wie ihre Schwester.

Sein & Haben

Der Gebrauch der Tätigkeitswörter (Verben) „sein" erfordert ein wenig Umdenken, denn dafür stehen im Spanischen zwei Tätigkeitswörter zur Verfügung.

Übrigens gilt für alle Tätigkeitswörter im Spanischen, dass das persönliche Fürwort („ich, du, er" usw.) entfällt, da man die handelnde Person eindeutig (bis auf eine Ausnahme) an der Endung erkennen kann.

sein

ser	estar	
soy	estoy	ich bin
eres	estás	du bist
es	está	er/sie ist
somos	estamos	wir sind
son	están	ihr seid
son	están	sie sind

Die Hilfsverben ser (sein) und estar (sein, sich befinden) können nicht beliebig verwendet werden.

Ser gebraucht man für unveränderbare oder wesensmäßige Eigenschaften, z. B. die Angabe von Herkunft, Nationalität, Beruf, Charakter, Zahlen, Daten.

Somos estudiantes de Alemania.
(wir-)sind Studenten von Deutschland
Wir sind Studenten aus Deutschland.

Soy Maribel Paredes.
(ich-)bin Maribel Paredes
Ich bin Maribel Paredes.

Mi hermana es profesora.
meine Schwester (sie-)ist Lehrerin
Meine Schwester ist Lehrerin.

Hoy es miércoles.   **Son veinte soles.**
heute (es-)ist Mittwoch   *(es-)sind zwanzig Soles*
Heute ist Mittwoch.   Das macht 20 Soles.

Achtung: Ein Eigenschaftswort richtet sich in Sätzen mit „sein" als Satzergänzung in Zahl und Geschlecht nach dem zugehörigen Hauptwort.

El pueblo es pequeño.
das Dorf (es-)ist klein
Das Dorf ist klein.

Kleiner Trick: **Las chicas son simpáticas.**
estar kann oft mit *die Mädchen (sie-)sind sympathische*
„sich derzeit befinden" Die Mädchen sind sympathisch.
übersetzt werden,
ser hingegen steht Estar wird verwendet für veränderliche oder
meistens vor einem vorübergehende Zustände, z. B. Ortsangaben,
Hauptwort, Anwesenheit („da sein") oder körperliches
estar jedoch nie! Befinden, Stimmung

El hotel está en la calle Azángaro.
der Hotel (es-)befindet-sich in die Straße Azángaro
Das Hotel ist in der Straße Azángaro.

Maria y Rosa están.
Maria und Rosa befinden-sich
Maria und Rosa sind da.

¿Cómo estás?
wie befindest-dich
Wie geht es dir?

Estoy cansado.
befinde-mich müde
Ich bin müde.
(sagt ein Mann)

Estoy cansada.
befinde-mich müde(w)
Ich bin müde.
(sagt eine Frau)

haben

Das deutsche „haben" im Sinne von „besitzen" heißt tener („ich habe/besitze ein Auto").
Es ist nicht zu verwechseln mit dem Hilfsverb haber (haben), das nur zur Bildung der zusammengesetzten Zeiten benötigt wird (z. B. „ich habe gesehen")!

tener	
tengo	ich habe
tienes	du hast
tiene	er/sie hat
tenemos	wir haben
tienen	ihr habt
tienen	sie haben

Tener ist ein unregelmäßiges Tätigkeitswort, bitte gut einprägen!

Tengo un coche.
(ich-)besitze ein Auto
Ich habe/besitze ein Auto.

Tenemos hambre.
(wir-)besitzen Hunger
Wir haben Hunger.

Tätigkeitswörter

Die Grundform (Infinitiv) spanischer Tätigkeitswörter (Verben) setzt sich aus einem Stamm und einer der folgenden Endungen zusammen:

-ar	**hablar**	sprechen
-er	**comer**	essen
-ir	**vivir**	leben, wohnen

Gegenwart

Regelmäßige Tätigkeitswörter werden in der Gegenwart gebeugt, indem man die Endung der Grundform durch die entsprechende Personalendung ersetzt. Anders als im Deutschen verrät bereits diese Endung, wer gemeint ist. Die persönlichen Fürwörter können also entfallen.

Je nach Endung werden drei Beugungsgruppen unterschieden:

	-ar	-er	-ir
	hablar	**comer**	**vivir**
	sprechen	essen	leben
ich	**habl-o**	**com-o**	**viv-o**
du	**habl-as**	**com-es**	**viv-es**
er/sie, Sie (Ez)	**habl-a**	**com-e**	**viv-e**
wir	**habl-amos**	**com-emos**	**viv-imos**
ihr	**habl-an**	**com-en**	**viv-en**
sie, Sie (Mz)	**habl-an**	**com-en**	**viv-en**

In allen lateinamerikanischen Ländern, so auch in Peru, unterscheidet man nicht wie in Spanien zwischen der „ihr"-Form und der „sie"-Form (Mehrzahl)!

Als Höflichkeitsform wird die Form der 3. Person des Tätigkeitswortes verwendet, und zwar entweder die der Ein- oder die der Mehrzahl, je nachdem, ob eine oder mehrere Personen angesprochen werden.

Habla alemán.	**Viven acá?**
(er-/sie-)spricht Deutsch	*(sie-)leben hier*
Sie sprechen Deutsch.	Wohnen Sie hier?
(zu einer Person)	*(zu mehreren Personen)*

Abweichungen vom Beugungsschema

Eine Reihe von ansonsten regelmäßig gebeugten Tätigkeitswörtern verändert lediglich ihren Stamm.

1. Gruppe: Ein -e- im Stamm wird außer in der „wir"-Form zu -ie- erweitert.

querer	wollen, lieben
quiero	ich will
quieres (etc.)	du willst
aber: **queremos**	wir wollen

2. Gruppe: Ein -o- im Stamm wird außer in der „wir"-Form zu -ue- erweitert.

poder	können
puedo	ich kann
puedes (etc.)	du kannst
aber: **podemos**	wir können

Alle wichtigen Tätigkeitswörter mit diesen Veränderungen finden sich in der Wörterliste im Anhang und sind mit einem Sternchen (*) gekennzeichnet.

3. Gruppe: Die meisten Tätigkeitswörter, die auf -cir/-cer enden, haben eine unregelmäßige Ich-Form: Vor der Personalendung -o erweitert sich das -c- des Stammes zu -zc-. Alle anderen Formen werden regelmäßig gebildet.

conocer (kennen)	**conozco** (ich kenne)
traducir (übersetzen)	**traduzco** (ich übersetze)

Auch bei verschiedenen anderen Tätigkeitswörtern ist nur die Ich-Form unregelmäßig. Die sollte man lernen, denn es handelt sich hierbei um häufig gebrauchte Wörter und gerade diese Form wird man wohl oft anwenden und hören.

hacer (machen)	**hago** (ich mache)
oír (hören)	**oigo** (ich höre)
saber (wissen)	**sé** (ich weiß)
salir (weggehen)	**salgo** (ich gehe aus/weg)
traer (bringen)	**traigo** (ich bringe)
ver (sehen)	**veo** (ich sehe)

unregelmäßige Tätigkeitswörter

Schließlich gibt es noch eine Reihe unregelmäßiger Tätigkeitswörter, deren Bildung sich durch den häufigen Gebrauch „abgeschlif-

fen" hat. Diese häufig gebrauchten Gegen-
wartsformen sollte man am besten auswendig
lernen.

ir	venir	decir	dar	
gehen	kommen	sagen	geben	
voy	vengo	digo	doy	*ich*
vas	vienes	dices	das	*du*
va	viene	dice	da	*er/sie, Sie (Ez)*
vamos	venimos	decimos	damos	*wir*
van	vienen	dicen	dan	*ihr*
van	vienen	dicen	dan	*sie, Sie (Mz)*

Modalverben

Modalverben stehen normalerweise nur zusammen mit einem anderen Tätigkeitswort und geben der Satzaussage eine zusätzlichen Bedeutungsaspekt, z. B. Verpflichtung, Fähigkeit, Möglichkeit oder Notwendigkeit. Jedoch stimmt die Bedeutung der spanischen Modalverben nicht immer exakt mit der der deutschen überein.

Das Modalverb steht immer vor dem jeweiligen Tätigkeitswort, das in der Grundform gebraucht wird.

poder (können, dürfen)

Poder bezeichnet eine Erlaubnis (dürfen) oder eine Fähigkeit (können: „ich kann ..., weil ich nicht daran gehindert werde").

puedo	ich kann/darf
puedes	du kannst
puede	er/sie kann
podemos	wir können
pueden	ihr könnt
pueden	sie können

Puedes fumar aquí.
(du-)kannst rauchen hier
Du kannst/darfst hier rauchen.

saber (wissen, können)

Saber hat in erster Linie die Bedeutung „wissen", bezeichnet aber auch eine angeborene oder erlernte Fähigkeit („können").

sé	ich kann
sabes	du kannst
sabe	er/sie kann
sabemos	wir können
saben	ihr könnt
saben	sie können

Sé hablar castellano.
(ich-)weiß sprechen Kastilisch
Ich kann Kastilisch sprechen.

tener que (müssen)

Mit tener que wird eine Verpflichtung bzw. ein äußerer Zwang angezeigt.

tengo que	ich muss
tlenes que	du musst
tiene que	er muss
tenemos que	wir müssen
tienen que	ihr müsst
tienen que	sie müssen

Tengo que bajar ahora.
(ich-)besitze dass hinuntersteigen jetzt
Ich muss jetzt aussteigen.

Rückbezügliche Tätigkeitswörter

Rückbezügliche Tätigkeitswörter (Reflexivverben) erkennt man an der zusätzlichen Endung -se in der Grundform. Bei der Beugung trennt sich -se von der Grundform und wird zu einem selbständigen rückbezüglichen Fürwort, das vor dem Tätigkeitswort steht.

lavarse	sich waschen
me lavo	ich wasche mich
te lavas	du wäschst dich
se lava	er/sie wäscht sich
nos lavamos	wir waschen uns
se lavan	ihr wascht euch
se lavan	sie waschen sich

Nicht alle Tätigkeitswörter, die im Spanischen rückbezüglich sind, sind auch im Deutschen rückbezüglich und umgekehrt!

llamarse	heißen
quedarse	bleiben
levantarse	aufstehen
irse	weggehen

Me llamo Manuel.
mich (ich-)rufe Manuel
Ich heiße Manuel.

Nos quedamos una semana.
uns (wir-)bleiben eine Woche.
Wir bleiben eine Woche.

Unpersönliche Aussagen

Das rückbezügliche Fürwort se sieht genauso aus wie das unpersönliche se (man). Das Tätigkeitswort wird wie im Deutschen in der 3. Person Einzahl („er, sie") gebeugt.

Se vive bien.   **Se vende casa.**
man (er/sie-)lebt gut   *man (er/sie-)verkauft Haus*
Man lebt gut.   Haus zu verkaufen.

Se puede fumar aquí.
man (er/sie-)kann rauchen hier
Man kann/darf hier rauchen.

Das unpersönliche „es gibt" heißt im Spanischen ganz einfach hay.

Hay una farmacia aquí.
es-gibt eine Apotheke hier
Es gibt hier eine Apotheke.

Hay un restaurant.
es-gibt ein Restaurant
Es gibt ein Restaurant.

Der unpersönliche Ausdruck hay que wird mit „man muss" übersetzt.

Hay que trabajar mucho.
es-gibt dass arbeiten viel
Man muss viel arbeiten.

Vergangenheit & Zukunft

Um ein Geschehen in der Vergangenheit auszudrücken, stehen dem Spanisch-sprechenden vier Zeiten zur Verfügung. In Gesprächen kommt es aber gar nicht darauf an, alle immer korrekt anzuwenden. Man muss sich verständlich machen können und andere verstehen. Deshalb werden hier nur zwei Zeiten der Vergangenheit und eine der Zukunft erklärt.

vollendete Gegenwart

Die vollendete Gegenwart (Perfekt), z. B. „ich habe gesehen", wird im Spanischen für Handlungen verwendet, die in der Vergangenheit begonnen haben und bis in die Gegenwart reichen. Sie wird gebildet, indem das gebeugte Hilfsverb haber (haben, auch: sein) mit dem Mittelwort der Vergangenheit (Partizip) kombiniert wird.

haber

Haber (haben) wird nur zur Bildung der zusammengesetzten Zeiten benötigt (z. B. „ich habe gesehen"), ist also immer nur ein Hilfsverb! Es kann sogar auch mit „sein" übersetzt werden, wenn im Deutschen in der Vergangenheit das Hilfsverb „sein" benötigt wird (z. B. ich bin gefahren).

he	ich habe/bin
has	du hast/bist
ha	er/sie hat/ist, Sie (Ez) haben
hemos	wir haben/sind
han	ihr habt/seid
han	sie/Sie (Mz) haben/sind

Achtung!
Verwechseln Sie
haber *nicht mit* tener
(haben/besitzen)!

Mittelwort der Vergangenheit

In den zusammengesetzten Zeiten wird wie im Deutschen das Mittelwort der Vergangenheit (Partizip), z. B „gesehen" benötigt. Es wird regelmäßig gebildet, indem die Grundform-Endung des Tätigkeitswortes durch folgende Endungen ersetzt wird:

-ar wird zu **-ado**:	hablar	–	hablado
-er wird zu **-ido**:	comer	–	comido
-ir wird zu **-ido**:	vivir	–	vivido

In der Wörterliste werden unregelmäßige Partizipien in Klammern nach der Grundform des Tätigkeitswortes angegeben.

Hoy he comprado un mapa.
heute (ich-)habe gekauft eine (Land-)Karte
Heute habe ich eine Landkarte gekauft.

Este domingo hemos visitado Machu Picchu.
dieser Sonntag (wir-)haben besucht Machu Picchu
Diesen Sonntag haben wir Machu Picchu besichtigt.

Machu Picchu, *die berühmte Inkastadt, gilt als die größte Touristenattraktion Südamerikas.*

Oft stehen folgende Zeitangaben bei der vollendeten Gegenwart:

hoy	heute
esta mañana	heute Morgen
esta semana	diese Woche
este año	dieses Jahr

einfache Vergangenheit

Die einfache Vergangenheit wird für Handlungen verwendet, die in der Vergangenheit abgeschlossen sind und nicht mit der Gegenwart in Verbindung stehen („ich sah").

Zur Bildung werden der Stamm und die Personalendungen der Vergangenheit kombiniert. Die Personalendungen der Tätigkeitswörter, die in der Grundform auf -er und -ir enden, sind gleich.

	-ar		**-er/-ir**	
	hablar	sprechen	**comer**	essen
ich	**habla-é**	sprach	**com-í**	aß
du	**habla-aste**	sprachst	**com-iste**	aßest
er/sie, Sie (Ez)	**habla-ó**	sprach	**com-ió**	aß
wir	**habla-amos**	sprachen	**com-imos**	aßen
ihr	**habla-aron**	spracht	**com-ieron**	aßet
sie, Sie (Mz)	**habla-aron**	sprachen	**com-ieron**	aßen

Diese Zeit steht meist	**ayer**	gestern
mit folgenden	**la semana pasada**	letzte Woche
Zeitwörtern:	**el año pasado**	letztes Jahr

Ayer comí en el restaurant.
gestern (ich-)aß in das Restaurant
Gestern aß ich im Restaurant.

La semana pasada Carlos visitó su hermana.
die Woche vergangene Carlos besuchte seine
Schwester
Letzte Woche besuchte Carlos seine
Schwester.

Zum Abschluss noch einige unregelmäßige
Formen. Die Tätigkeitswörter ser und ir haben
identische Vergangenheitsformen. Fui kann
also heissen „ich war" oder „ich ging" usw.

ser/ir	estar	
sein/gehen	sein, sich befinden	
fui	**estuve**	*ich*
fuiste	**estuviste**	*du*
fue	**estuvo**	*er/sie, Sie (Ez)*
fuimos	**estuvimos**	*wir*
fueron	**estuvieron**	*ihr*
fueron	**estuvieron**	*sie, Sie (Mz)*

Zukunft

Die gebräuchlichste Art, eine Handlung in der
Zukunft auszudrücken, ist die Konstruktion
ir a (gehen zu) + Grundform des jeweiligen
Tätigkeitswortes. Nur das bereits bekannte
unregelmäßige Tätigkeitswort ir wird gebeugt!

Voy a venir mañana.
(ich-)gehe zu kommen morgen
Ich werde morgen kommen.

El bus va a salir pronto.
der Bus (er-)geht zu abfahren bald
Der Bus wird bald abfahren.

Vamos a ver.
(wir-)gehen zu sehen
Wir werden sehen.

Persönliche Fürwörter

Persönliche Fürwörter (Personalpronomen) werden im Spanischen weitaus weniger gebraucht als im Deutschen, denn die gebeugte Form des Tätigkeitswortes ist eindeutig. Sie dienen nur der Hervorhebung der Person oder um einen Kontrast auszudrücken.

yo	ich
tú	du
él, ella	er, sie
usted	Sie (höfliche Anrede, Ez)
nosotros/-as	wir (m/w)
ustedes	ihr
ellos, ellas	sie (Mz, m/w)
ustedes	Sie (höfliche Anrede, Mz)

Der wichtigste Unterschied zu dem in Spanien gesprochenen Spanisch besteht darin, dass man in Lateinamerika ustedes anstelle vosotros für die „ihr"-Form benutzt. In der „wir"- und in der „sie"-(Mehrzahl-)Form unterscheidet man, ob es sich um eine männliche oder weibliche Gruppe handelt. Wenn sie gemischt ist, so verwendet man die männliche Form.

Für die höfliche Anrede gibt es zwei Formen, je nachdem, ob eine Person (usted) oder mehrere Personen (ustedes) angesprochen werden. In der Schriftsprache werden diese Fürwörter oft mit Ud. bzw. Uds. abgekürzt.

Él es peruano, yo no.	**Y tú, ¿dónde vives?**
er ist Peruaner, ich nein	*und du, wo (du-)wohnst*
Er ist Peruaner, ich nicht.	Und wo wohnst du?

betonte Fürwörter

Zusammen mit Verhältniswörtern (Präpositionen) benutzt man die betonten Fürwörter.

a mí	mich, mir
a ti	dich, dir
a él, ella	ihm, ihn, sie (Ez), ihr
a usted	Sie, Ihnen (Ez)
a nosotros	uns
a ustedes	euch
a ellos, a ellas	sie (Mz), ihnen
a ustedes	Sie, Ihnen (Mz)

Nur die „ich"- und die „du"-Form weichen von den Grundformen ab.

Wem? oder Wen?

Die gebeugten spanischen Fürwörter entsprechen den deutschen Fürwörtern im 3. und 4. Fall. Sie geben Auskunft auf die Frage „wem?" oder „wen?". Anders als im Deutschen sind sie dem Tätigkeitswort, auf das sie sich beziehen, vorangestellt.

wem?		wen/was?	
me	mir	**me**	mich
te	dir	**te**	dich
le	ihm, ihr	**lo**	ihn, es, Sie (m)
	Ihnen	**la**	sie, Sie (w)
nos	uns	**nos**	uns
les	euch	**los/las**	euch (m/w)
	ihnen		sie (m/w)
	Ihnen		Sie (m/w)

Me gusta esta música.
mir (sie-)gefällt diese Musik
Mir gefällt diese Musik.

Le doy el libro.
ihm/ihr/Ihnen (ich-)gebe das Buch
Ich gebe ihm/ihr/Ihnen das Buch.

Te entiendo.   **Te llamamos.**
dich (ich-)verstehe   *dich (wir-)anrufen*
Ich verstehe dich.   Wir rufen dich an.

Die Formen der 3. Person Ez/Mz auf die Frage
„wen?" (la, lo, los, las) richten sich in Geschlecht
und Zahl nach dem Hauptwort, das sie ersetzen sollen.

Busco mi dinero.
(ich-)suche mein Geld
Ich suche mein Geld.

Lo busco.
es (ich-)suche
Ich suche es.

La quiero mucho.
sie (ich-)mag sehr
Ich mag sie sehr.

Verneinung

No bedeutet sowohl „nein" als auch „nicht".
Als Verneinung steht es immer *vor* dem Tätigkeitswort.

Está lejos?
(es-)befindet-sich weit
Ist es weit?

No.
nein
Nein.

No entiendo.
nicht (ich-)verstehe
Ich verstehe nicht.

No tengo dinero.
nicht (ich-)besitze Geld
Ich habe kein Geld.

Die Verneinungen „nichts, niemand, niemals"
usw. werden nachgestellt. Sie werden darüber
hinaus quasi doppelt verneint: no (nicht) steht
vor dem Tätigkeitswort, das Verneinungswort
(z. B. nadie usw.) wird nachgestellt.

nada	nichts
nadie	niemand
nunca	niemals
en ninguna parte	nirgends, nirgendwo
tampoco	auch nicht

No ha venido nadie.
nicht (es-)hat gekommen niemand
Es ist niemand gekommen.

No quiero nada.
nicht (ich-)möchte nichts
Ich möchte nichts.

No entfällt nur, wenn das jeweilige verneinen-
de Wort vor dem Tätigkeitswort steht.

Nunca he dicho eso.
niemals (ich-)habe gesagt das
Niemals habe ich das gesagt.

Nadie ha venido.
niemand hat gekommen
Niemand ist gekommen.

Fragen

Fragesätze beginnen immer mit einem „auf dem Kopf" stehenden Fragezeichen. Man unterscheidet zwischen Entscheidungsfragen und Ergänzungsfragen.

Entscheidungsfragen

Entscheidungsfragen enthalten kein Fragewort und können nur mit sí (ja) oder no (nein) beantwortet werden. Die Wortstellung entspricht dem Deutschen.

Usted habla castellano.
Sie (er-/sie-)spricht Kastilisch
Sie sprechen Kastilisch.

¿Habla usted castellano?
(er-/sie-)spricht Sie Kastilisch
Sprechen Sie Kastilisch?

Es kann aber auch die Reihenfolge des Aussagesatzes beibehalten werden. In diesem Fall steigt die Stimme am Satzende an, um den Satz als Frage zu kennzeichnen.

¿Usted habla castellano?   **¿Nos llamas?**
Sie (er-/sie-)spricht Kastilisch   *uns (du-)anrufst*
Sprechen Sie Kastilisch?   Rufst du uns an?

Fragen

Ergänzungsfragen

Ergänzungsfragen stehen mit Fragewörtern und verlangen einen vollständigen Satz als Antwort.

Die Fragewörter tragen immer einen Akzent.

¿quién?	wer?
¿cuál?	welche/-r?
¿qué?	was?
¿cómo?	wie?
¿por qué?	warum?
wegen was	
¿dónde?	wo?
¿adónde?	wohin?
¿de dónde?	woher?
von wo	
¿cuándo?	wann?
¿desde cuándo?	seit wann?
seit wann	
¿cuánto?	wie viel? (Ez)
¿cuántos/-as?	wie viele? (m/w Mz)

Cuántos *wird für männliche Hauptwörter in der Mehrzahl gebraucht,* cuántas *für weibliche.*

¿De dónde eres?
von wo (du-)bist
Woher kommst du?

Soy de Alemania.
(ich-)bin von Deutschland
Ich komme aus Deutschland.

¿Cuánto cuesta?   **Cuesta diez Soles.**
wieviel (es-)kostet   *(es-)kostet zehn Soles*
Wie viel kostet das?   Das kostet zehn Soles.

¿Qué es eso?   **Es una tuna.**
was (es-)ist das   *(es-)ist eine Kaktusfeige*
Was ist das?   Das ist eine Kaktusfeige.

¿Cuántas naranjas quieres?
wieviele Orangen (du-)willst
Wie viele Orangen möchtest du?

Señor, ¿puedo ayudarle?
Herr, (ich-)kann helfen-Ihm
Kann ich Ihnen helfen?

¿Las fotos, me las das?
die Fotos, mir sie (du-)gibst
Die Fotos, gibst du sie mir?

Auffordern & Befehlen

Aufforderungssätze beginnen mit einem auf dem Kopf stehendem Ausrufezeichen. Aufforderungen an Personen, die man duzt, sind identisch mit der Er-/Sie-Form des Tätigkeitswortes.

habla	er/sie spricht	**¡habla!**	sprich!
come	er/sie isst	**¡come!**	iss!
abre	er/sie öffnet	**¡abre!**	öffne!

Fordert man Personen auf, die man siezt, wird die Grundform-Endung des Tätigkeitswortes -ar durch -e und -er/-ir durch -a ersetzt.

tomar	nehmen	**¡Tome!**	Nehmen Sie!
leer	lesen	**¡Lea!**	Lesen Sie!
escribir	schreiben	**¡Escriba!**	Schreiben Sie!

Fordert man mehrere Personen auf, so wird ein zusätzliches -n angehängt. Die Höflichkeitsformen werden der Aufforderung übrigens darüber hinaus meistens nachgestellt.

¡Disculpe usted!	**¡Disculpen ustedes!**
entschuldige! Sie(Ez)	*entschuldigen! Sie(Mz)*
Entschuldigen Sie!	Entschuldigen Sie!

Die am häufigsten verwendeten Aufforderungen werden von unregelmäßigen Tätigkeitswörtern gebildet.

¡ven!	komm!	¡venga!	kommen Sie!
¡di!	sag!	¡diga!	sagen Sie!
¡oye!	hör!	¡oiga!	hören Sie!
¡pon!	stell/leg!	¡ponga!	stellen/legen Sie!
¡trae!	bring!	¡traiga!	bringen Sie!
¡sé!	sei!	¡sea!	seien Sie!

Hier die wichtigsten unregelmäßigen Aufforderungen, die man sich einprägen sollte.

Die Verneinung von Aufforderungen (Komm nicht!) verlangt im Spanischen sehr viel mehr Grammatikkenntnisse. Aber man wird auch verstanden, wenn man einfach no vor die Aufforderung setzt.

Bindewörter

Sätze/Satzteile werden durch Bindewörter (Konjunktionen) miteinander verbunden.

y	und	**o**	oder
pero	aber	**porque**	weil
pues	nun, also also	**que**	dass; der/die/das
si	wenn, ob	**sino**	sondern
cuando	als (zeitl.)	**aunque**	obwohl
mientras	während	**ni ... ni**	weder ... noch

Que wird in Nebensätzen gebraucht, es kann entweder das deutsche „dass" sein oder (unveränderliches) Relativpronomen.

la chica que conozco
das Mädchen das (ich-)kenne
das Mädchen, das ich kenne

el señor que buscamos
der Mann den (wir-)suchen
der Herr, den wir suchen

Pienso que Manuel está enfermo.
(ich-)denke dass Manuel ist krank
Ich denke, dass Manuel krank ist.

No sé si puedo venir.
nicht (ich-)weiß ob (ich-)kann kommen
Ich weiß nicht, ob ich kommen kann.

Si quieres te regalo esta foto.
wenn (du-)willst dir (ich-)schenke dieses Foto
Wenn du willst, schenke ich dir dieses Foto.

Verhältniswörter

Verhältniswörter (Präpositionen) stehen wie im Deutschen vor dem Bezugswort, z. B. a Alemania (nach Deutschland), de Berlin (aus Berlin). Einige Verhältniswörter haben mehrere Verwendungsmöglichkeiten, die man im Deutschen auch unterschiedlich übersetzt.

a	zu, nach	**entre**	zwischen
bajo	unter	**hacia**	bis (Ort)
con	mit	**hasta**	bis (Zeit)
contra	gegen	**para**	für
de	von, aus	**por**	wegen
desde	seit	**sin**	ohne
en	in	**sobre**	auf, über
durante	während	**según**	gemäß

Besondere Beachtung verdienen die Verhältniswörter a, de, en, para und por.

Das Verhältniswort a drückt meistens eine **a (zu, nach)** Richtung aus („wohin?"), wird aber auch zur Angabe der Entfernung und der Uhrzeit („wann?") verwendet.

El correo está a un kilómetro.
die Post ist zu ein Kilometer
Die Post ist einen Kilometer entfernt.

Viajamos a Lima.
(wir-)reisen zu Lima
Wir reisen nach Lima.

de (von) De (von) wird zur Angabe der Herkunft (woher?) und für zusammengesetzte Hauptwörter verwendet.

Somos de Alemania.
(wir-)sind von Deutschland.
Wir kommen aus Deutschland.

la casa de mi padre	**taller de coches**
die Haus von mein Vater	*Werkstatt von Autos*
das Haus meines Vaters	Autowerkstatt

a /de +
bestimmter Artikel Die Verhältniswörter a und de verschmilzen zusammen mit dem männlichen bestimmten Artikel Einzahl el (der) zu al (zum) bzw. del (vom). Mit einem weiblichen Artikel oder einem Artikel in der Mehrzahl verschmilzen sie dagegen nie!

Voy al restaurant.	**Vengo a las diez.**
gehe zu-das Restaurant	*komme zu die zehn*
Ich gehe zum Restaurant.	Ich komme um 10.

en (in, mit) En entspricht meistens dem deutschen „in", wenn es sich um Orts- und Zeitangaben handelt („wo?, innerhalb welcher Zeit?"). Auch bei der Angabe des Verkehrsmittels wird en gebraucht und entspricht dabei dem deutschen „mit".

Estoy en casa.
(ich-)befinde-mich in Haus
Ich bin zu Hause.

Nos encontramos en el bar.
uns (wir-)treffen in die Kneipe
Wir treffen uns in der Kneipe.

Llegamos en dos horas.
(wir-)ankommen in zwei Stunden
Wir kommen in zwei Stunden an.

¿Vas en avión?
(du-)gehst in Flugzeug
Fliegst du?

Vjajo en autobus.
(ich-)reise in Autobus.
Ich reise mit dem Bus.

Die meisten Schwierigkeiten bereitet sicherlich die Unterscheidung von para und por.

Para drückt ein Zweck, eine Bestimmung oder eine persönliche Ansicht aus, während mit por ein Grund oder die Ursache einer Handlung ausgedrückt wird.

Por dient aber auch zur Angabe des Preises und der zeitlichen Dauer.

para/por (für)

una llamada para ti
eine Anruf für dich
ein Anruf für dich

¿Para qué es esto?
für was ist das
Wofür ist das gut?

¿Por qué no vienes?
wegen was nicht kommst
Warum kommst du nicht?

Por mi trabajo.
wegen meine Arbeit
Wegen meiner Arbeit.

Compramos este libro por veinte Soles.
(wir-)kaufen dies Buch wegen zwanzig Soles
Wir kaufen das Buch für zwanzig Soles.

Estoy en el Perú por un mes.
bin/befinde-mich in der Peru wegen ein Monat
Ich bin einen Monat lang in Peru.

Zusammen mit Verhältniswörtern gebraucht man die betonten Fürwörter. In Verbindung mit dem Verhältniswort con werden jedoch die Sonderformen conmigo (mit mir), contigo (mit dir) gebraucht.

un regalo para tí	**sin mí**
ein Geschenk für du	*ohne ich*
ein Geschenk für dich	ohne mich

Zahlen & Zählen

Die Zahlen unterscheiden sich nicht von den in Spanien gebräuchlichen.

Grundzahlen

Uno (eins) wird vor einem männlichen Hauptwort zu un (m) und vor einem weiblichen zu una (w). Das gilt auch bei Zusammensetzungen (21, 31 usw.).

0	**zero**	10	**diez**
1	**uno/una**	11	**once**
2	**dos**	12	**doce**
3	**tres**	13	**trece**
4	**cuatro**	14	**catorce**
5	**cinco**	15	**quinze**
6	**seis**	16	**dieciséis**
7	**siete**	17	**diecisiete**
8	**ocho**	18	**dieciocho**
9	**nueve**	19	**diecinueve**

20	**veinte**	60	**sesenta**
30	**treinta**	70	**setenta**
40	**cuarenta**	80	**ochenta**
50	**cincuenta**	90	**noventa**

Die zusammengesetzten Zehnerzahlen werden aus dem Zehner, dem Wörtchen y (und) und der Einerzahl gebildet. Nur die zusammengesetzten Zahlen von 11 bis 19 und 21 bis 29 haben Sonderformen.

21 **veintiuno**	26 **veintiséis**
22 **veintidós**	27 **veintisiete**
23 **veintitrés**	28 **veintiocho**
24 **veinticuatro**	29 **veintinueve**
25 **veinticinco**	

treinta y tres   **cuarenta y dos**
dreißig und drei   *vierzig und zwei*
dreiunddreißig   zweiundvierzig

Die zusammengesetzten Hunderter werden mit Grundzahl und cientos (m) bzw. cientas (w) je nach Geschlecht des Hauptwortes gebildet. Ausnahmen sind 500, 700, 900!

Steht ciento *allein vor einem Hauptwort, wird es zu* cien *verkürzt.*

100 **cien(to)**	700 **setecientos**
200 **doscientos**	800 **ochocientos**
300 **trescientos**	900 **novecientos**
400 **cuatrocientos**	1000 **mil**
500 **quinientos**	2000 **dos mil**
600 **seiscientos**	3000 **tres mil**

cien kilómetros   **cien personas**
hundert Kilometer   hundert Personen

Ordnungszahlen

Die Ordnungszahlen richten sich wie Eigenschaftswörter in Zahl und Geschlecht nach dem Hauptwort, auf das sie sich beziehen. Vor weiblichen Hauptwörtern wird -o deshalb zu -a. Ordnungszahlen stehen in der Regel vor dem Bezugswort.

primero	erster	**séptimo**	siebter
segundo	zweiter	**octavo**	achter
tercero	dritter	**noveno**	neunter
cuarto	vierter	**décimo**	zehnter
quinto	fünfter	**último**	letzter
sexto	sechster		

la segunda calle   **el último día**
die zweite Straße   *der letzte Tag*
die zweite Straße   der letzte Tag

Vor männlichen Hauptwörtern entfällt das -o
von primero und tercero:

el primer piso   **el tercer viaje**
die erste Etage   die dritte Reise

Zeit & Datum

Zeitangaben funktionieren wie im Español. Zur Angabe der Uhrzeit und des Datums wird in der Regel das Tätigkeitswort ser benutzt.

allgemeine Zeitangaben

hoy	heute
mañana	morgen
pasado mañana	übermorgen
ayer	gestern
anteayer	vorgestern
por la mañana	morgens, vormittags
por la tarde	nachmittags
por la noche	abends, nachts
cada día	jeden Tag
semana	Woche
mes (m)	Monat
año	Jahr
(más) temprano	früh(er)
(más) tarde	spät(er)
antes – después	vorher –nachher
ya – ya no	schon – nicht mehr
todavía (no)	noch (nicht)
ahora	jetzt
en seguida	sofort
pronto	bald
luego	dann
a veces	manchmal
muchas veces	oft
siempre – nunca	immer – nie

Uhrzeit

In Peru wird für die Uhrzeit das 12-Stunden-System benutzt, manchmal mit dem Zusatz a.m. (vormittags) bzw. p.m. (nachmittags/abends).

de la mañana	vormittags
de la tarde	nachmittags
de la noche	abends, nachts

Meistens fügt man jedoch die Tageszeit erklärend hinzu.

¿Qué hora es?　　**¿Qué hora tienes?**
was Stunde (sie-)ist　*was Stunde (du-)besitzt*
Wie spät ist es?　　Wie spät hast du es?

Bei allen Stundenangaben wird der weibliche Artikel gebraucht, da hora ein weibliches Hauptwort ist. Nur bei 1 Uhr wird der Artikel in der Einzahl gebraucht (la), sonst heißt es immer las.

Es la una de la tarde.
(sie-)ist die eine von der Nachmittag
Es ist 13 Uhr.

Son las ocho de la mañana.
(sie-)sind die acht von der Morgen
Es ist 8 Uhr.

y	*und*	nach
cuarto	*viertel*	viertel
menos	*weniger*	vor
media	*halb*	halb

Son las dos y media.
(sie-)sind die zwei und halb
Es ist 3 Uhr 30. / Es ist 15 Uhr30.

Son las once y veinte.
(sie-)sind die elf und zwanzig
Es ist 11 Uhr 20. / Es ist 23 Uhr 20.

Son las cinco menos cuarto.
(sie-)sind die fünf weniger viertel
Es ist 4 Uhr 45. / Es ist 16 Uhr45.

Son las nueve menos cinco.
(sie-)sind die neun weniger fünf
Es ist 8 Uhr 55. / Es ist 20 Uhr 55.

Oft wird man die **Son veinte (minutos) para las siete.**
Uhrzeit auch *(sie-)sind zwanzig (Minuten) für die sieben*
mit para *hören.* Es ist zwanzig (Minuten) vor sieben.

mediodía	zwölf Uhr mittags
medianoche	Mitternacht

Bei der Frage nach einem Zeitpunkt („um wie viel Uhr?") verwendet man das Verhältniswort a, das dann in der Antwort wiederholt wird.

¿A qué hora sale el avión?   **A las tres.**
zu was Stunde abfährt der Flugzeug   *zu die drei*
Wann fliegt das Flugzeug ab?   Um drei.

Vengo a las diez.
(ich-)komme zu die zehn
Ich komme um zehn.

Wochentage

lunes	Montag
martes	Dienstag
miércoles	Mittwoch
jueves	Donnerstag
viernes	Freitag
sábado	Samstag
domingo	Sonntag

Alle Wochentage und Monatsnamen sind männlich.

Der Artikel el vor dem Wochentag bedeutet „am".

El lunes no tengo tiempo.
der Montag nicht (ich-)besitze Zeit
Am Montag habe ich keine Zeit.

Monate

enero	Januar
febrero	Februar
marzo	März
abril	April
mayo	Mai
junio	Juni
julio	Juli
agosto	August
septiembre	September
octubre	Oktober
noviembre	November
diciembre	Dezember

Jahreszeiten

la primavera	der Frühling
el verano	der Sommer
el otoño	der Herbst
el invierno	der Winter

Datum

Beim Datum wird nur der erste des Monats als Ordnungszahl angegeben, ansonsten benutzt man die Grundzahlen. Die Jahreszahl wird als Tausender (mil) angesehen.

¿Qué fecha tenemos?
was Datum (wir-)besitzen
Welches Datum haben wir?

Tenemos el veinte de agosto.
(wir-)besitzen die zwanzig von August
Wir haben den zwanzigsten August.

Hoy es el primero de julio de dos mil uno.
Heute ist der erste von Juli von zwei tausend eins
Heute ist der 1. Juli 2001.

Maße & Mengenangaben

Die Bezeichnungen für Mengenangaben und Maße stimmen mit den in Spanien gebräuchlichen überein.

un centímetro	ein Zentimeter
un metro	ein Meter
un kilómetro	ein Kilometer
cien gramos	hundert Gramm
un kilo	ein Kilo(gramm)
medio kilo	ein halbes Kilo(gramm)
un litro	ein Liter
una botella	eine Flasche
un paquete	ein Paket
una docena	ein Dutzend
una porción	eine Portion

Beachte: medio *wird nie mit dem unbestimmten Artikel gebraucht.*

Das Hauptwort, auf die sich die Mengenangabe bezieht, wird mit de (von) nachgestellt.

medio kilo de tomates
halbes Kilo von Tomaten
ein halbes Kilo Tomaten

una botella de Pisco
eine Flasche von Pisco
eine Flasche Pisco

Pisco *ist Traubenschnaps und nach der gleichnamigen peruanischen Hafenstadt benannt.*

Kurz-Knigge

Wer als Reisender den Menschen in einem fremden Land aufgeschlossen und respektvoll begegnet, wird kaum etwas falsch machen. Unterschiede der Kulturen festzustellen ist höchst spannend. Vor vorzeitigen Wertungen andersartiger Handlungsweisen sollte man sich aber hüten. Am besten anschauen, wie vieles auch anders funktionieren kann, denn darauf kommt man im eigenen Land meistens nicht.

Zum Beispiel wird man bald merken, dass in Peru die Zeit auf hora peruana (peruanische Uhrzeit) eingestellt ist. Und die verläuft etwas langsamer. Deshalb gehören auch Verspätungen einfach zum Alltag. Ärgern Sie sich nicht über Unpünktlichkeiten, sei es von öffentlichen Verkehrmitteln oder bei Verabredungen. Angenehmer Nebeneffekt: vieles verläuft entspannter und meistens kommt man doch zur rechten Zeit.

Die peruanische Gesellschaft ist sehr konservativ. Der Mann ist der Herr im Haus, die Frau kümmert sich um die Kinder und den Herd. Jahrhundertealte Rollenmuster sind nicht von heute auf morgen zu ändern. Die Menschen sind trotzdem liebenswert.

Wenn man Sie fragt, wie Sie sich so eine teure Reise und vor allem mehrere Wochen ohne zu arbeiten leisten können, sollten Sie darauf hinweisen, dass Sie dafür lange gespart haben. Ebenso wenn man Sie nach Ihrem Verdienst in Deutschland fragt, sollten Sie neben der für Peruaner unglaublichen hohen Summe auch gleich die hohen Lebenshaltungskosten bei uns mit erwähnen.

Peru ist trotz aller Verbesserungen in den letzten Jahren ein armes Land. Protzen Sie nicht mit Reichtum, teuren Film- und Videokameras, denn das verlockt nur zum Diebstahl.

Geld nah am Körper zu führen und ein wenig Wachsamkeit schützen sicher vor Diebstahl. Auch sollte man nicht große Geldmengen mit sich herumführen, und nur so viel wie nötig dabeihaben. Wird einem dann mal Geld gestohlen, ist es vielleicht nicht ganz so tragisch. Dass Touristen in Peru auch bestohlen werden, lässt sich nicht leugnen. Aber dies sollte nicht Anlass zur Panik und Übervorsichtigkeit bei der Reise sein.

Als weißer Mann oder weiße Frau wird man meist automatisch für einen *gringo* oder eine *gringa* gehalten. Dass die Bezeichnung eigentlich nur auf US-Amerikaner passt, wissen viele in Peru nicht. Stellen Sie dann am besten klar, dass Sie aus Deutschland, aus Europa kommen und nicht aus den Vereinigten Staaten. Aber für die Einheimischen werden Sie wohl trotzdem der *gringo* oder die *gringa* bleiben.

Bei Begrüßungen gibt man sich die Hand, Frauen bekommen einen angedeuteten Kuss auf die rechte Wange. Allgemein geht man in

Peru höflicher und oft auch förmlicher miteinander um.

Die Bezeichnung indio für die Ureinwohner Perus kommt einer Beschimpfung gleich. Stattdessen verwendet man lieber den Begriff indígenas (für Frauen und Männer gleich), was „Einheimische" bedeutet. Auch cholo (Mestize) sollte man vermeiden. Damit bezeichnet man in Peru die Menschen, die sowohl von Spaniern als auch von Ureinwohnern abstammen. Das kann liebevoll gemeint sein, wird aber meistens nicht so aufgefasst, wenn es aus dem Munde eines Weißen kommt.

Typische Gesten

Wenn der erhobene Zeigefinger hin- und herbewegt wird, bedeutet das „nein".

Beim Zählen mit den Fingern beginnen Peruaner mit dem kleinen Finger und nicht mit dem Daumen.

Wenn man jemanden zu sich heran winkt, so geschieht das in Peru nicht mit der Handfläche nach oben, sondern mit der Handfläche nach unten.

Ein mit erhobener Hand aus Daumen und Zeigefinger gebildeter Kreis bedeutet nicht etwa „Spitze!", sondern „Arschloch". Bitte vermeiden!

Namen & Anrede

Wie auch in Spanien üblich haben Peruaner/innen zwei Nachnamen.

Namen

Die Nachnamen (apellidos) der Peruaner setzen sich wie die der Spanier aus den jeweils ersten Familiennamen des Vaters und der Mutter zusammen. Ebenso haben die meisten Peruaner mehrere Vornamen (nombres).

Juan Enrique Cornejo Riveros

Juan ist der erste, Enrique der zweite Vorname, Cornejo ist der erste Nachname des Vaters und Riveros der erste Nachname der Mutter.

Im Alltag wird meist nur ein Vorname und der erste Nachname (der des Vaters) benutzt oder der zweite Nachname wird abgekürzt, z. B. Juan Cornejo R. Die Schwester von Juan heißt vor ihrer Heirat z. B. Juana Cornejo Riveros, nach der Heirat heißt sie möglicherweise Juana Cornejo de Vargas. Der Nachname ihres Mannes wird also mit de (von) angehängt, der Nachname ihrer Mutter (Riveros) entfällt dabei.

Anrede

Die normale Anrede einer Person, die man siezt, ist señora (für Frauen) oder señor (für Männer), gefolgt vom ersten Nachnamen.

Señora Cornejo	Frau Cornejo
Señor Cornejo	Herr Cornejo

Außerdem gibt es die Anrede señorita (Fräulein). Im täglichen Leben werden alle Anredeformen gewöhnlich ohne den Nachnamen verwendet, wenn man den Nachnamen nicht kennt.

Disculpe señor, ¿qué hora es?

entschuldige-er! Herr, was Stunde (sie-)ist
Entschuldigen Sie bitte, wie spät ist es?

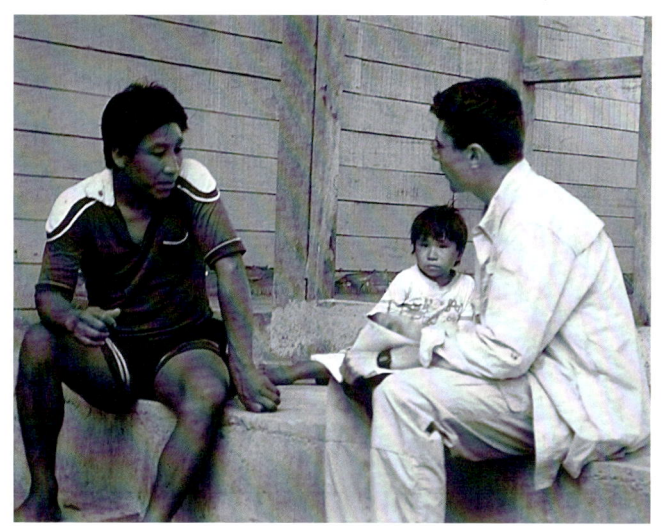

Begrüßen & Verabschieden

Zur Begrüßung gibt man sich oft Küsschen auf die Wangen – einmal rechts, einmal links. Männer untereinander geben sich die Hand.

Bis zum Mittag sagt man buenos días, danach bis zur Dämmerung buenas tardes und nach dem Dunkelwerden buenas noches.

¡Hola!	Hallo!
¡Buenas!	Tag!
gute	
¡Buenos días!	Guten Morgen/Tag!
gute Tage	
¡Buenas tardes!	Guten Tag!
gute Nachmittage	
¡Buenas noches!	Guten Abend/Nacht!
gute Nächte	

In einem Atemzug mit der Begrüßung fällt auch meistens die Frage nach dem Befinden.

¡Buenos días! ¿Cómo está usted?
gute Tage wie (er-/sie-)befindet-sich Sie
Guten Tag! Wie geht es Ihnen?

¡Hola!¿Cómo estás?
hallo wie befindest-dich
Hallo! Wie geht es dir?

Hola, ¿qué tal?
hallo, was solches
Hallo, wie geht's?

Wenn man sich nicht gut kennt, sollte man diese Fragen nicht allzu genau nehmen. Die Standardantwort lautet dann immer „gut".

Bien, ¿y tú?   **Muy bien, gracias, ¿y usted?**
gut, und du   *sehr gut, danke, und Sie*
Gut, und dir?   Sehr gut, danke. Und Ihnen?

Regular.   **Como siempre.**
regulär   *wie immer*
Geht so.   Wie immer.

sich verabschieden

Adiós.	Auf Wiedersehen.
Chao.	Tschüss.
Hasta luego.	Bis später.
bis dann	
Hasta pronto.	Bis bald.
bis bald	
Hasta mañana.	Bis morgen.
bis morgen	
Hasta la proxima (vez).	Bis zum nächsten
bis das nächste (Mal)	Mal.
Nos vemos.	Wir sehen uns.
uns (wir-)sehen	
¡Cuídate!	Pass auf dich auf!
aufpass!-dich	
¡Suerte!	Viel Glück!
Glück	

Bitten, Danken, Wünschen

Peruaner gehen sehr höflich miteinander um. Vor allem in formaleren Begegnungen sind einige Floskeln unerlässlich.

sich bedanken

Muchas gracias. *viele Danke*	Vielen Dank.
Muy amable. *sehr liebenswürdig*	Sehr liebenswürdig.
Le agradezco mucho. *Ihnen (ich-)danke viel*	Ich danke Ihnen sehr.

Auf „danke" antwortet man nie mit por favor, sondern mit:

De nada. *von nichts* Keine Ursache!	**No hay por qué.** *nicht es-gibt für was* Keine Ursache!

wünschen

¡(Mucha) suerte! *(viel) Glück* Viel Glück!	**¡Buen viaje!** *gut Reise* Gute Reise!

¡Felicidades! *Glückwünsche* Alles Gute! (zum Geburtstag)

sich entschuldigen

Perdón.	Entschuldigung.
Disculpa.	Entschuldige.
Disculpe.	Entschuldigen Sie.
Lo siento (mucho).	Tut mir (sehr) Leid.
es (ich-)fühle (viel)	

Ya está bien.	Ist schon gut.	*Als Antworten auf*
schon (es-)ist gut(-Umst.)		*eine Entschuldigung*
No pasó nada.	Nichts passiert.	*sind folgende Floskeln*
nicht (es-)passierte nichts		*möglich.*
¡No te preocupes!	Mach dir keine Sorgen!	
nicht dich (du-)sorgest!		
¡No se preocupe!	Machen Sie sich keine	
nicht sich (er-)sorge!	Sorgen!	

sich beklagen/beschweren

No estoy de acuerdo.
nicht (ich-)befinde-mich von Übereinstimmung
Ich bin nicht einverstanden.

Voy a quejarme.
(ich-)gehe zu beschweren-mich
Ich werde mich beschweren.

¡Qué cólera/fastidio/bronca!
was Wut/Ärgernis/Krach
So ein Ärger!

Me da bronca.
mir (es-)gibt Krach
Das macht mich ärgerlich.

Das erste Gespräch

Ein erstes Gespräch könnte etwa wie folgt verlaufen.

¡Hola, gringo /gringa!
hallo, Gringo/Gringa
Hallo Gringo/Gringa!

¡Hola, buenos días!
hallo, gute Tage
Hallo, guten Tag!

¿Cómo te llamas?
wie dich (du-)rufst
Wie heißt du?

¿Cuál es tu/su nombre?
welcher ist dein/sein Name
Wie ist dein/Ihr Name?

Me llamo ...
mich (ich-)rufe
Ich heiße ...

Mi nombre es ...
mein Name (er-/sie-)ist
Mein Name ist ...

Te/le presento a mi amigo Martín.
dir/ihm (ich-)vorstelle zu mein Freund Martin
Darf ich dir/Ihnen meinen Freund Martin vorstellen?

Mucho gusto (en conocerte/conocerle).
viel Geschmack (in kennenlernen-dich/ kennenlernen-ihn)
Sehr erfreut (dich/Sie kennen zu lernen).

Beachten Sie:
encantado sagt ein
Mann, encantada
eine Frau!

Encantado/encantada.
entzückt(m/w)
Sehr erfreut.

Igualmente.
gleich
Ebenfalls./
Ganz meinerseits.

¿De dónde eres?
von wo (du-)bist
Woher kommst du?

¿De qué país es usted?
von was Land (er-/sie-)ist Sie
Aus welchem Land sind Sie?

Soy de Alemania.
(ich-)bin von Deutschland
Ich komme aus Deutschland.

Soy de Francfort.
(ich-)bin von Frankfurt
Ich komme aus Frankfurt.

Ah, Alemania.
ah, Deutschland
Ah, Deutschland.

Te/le gusta el Peru?
dir/ihm (er-)gefällt der Peru
Gefällt dir/Ihnen Peru?

Si, es muy bonito.
ja, ist sehr schön
Ja, es ist sehr schön.

Städte

Bruselas	Brüssel
Colonia	Köln
Hamburgo	Hamburg
Munich	München
Viena	Wien

Länder & Nationalitäten

Alemania	Deutschland
alemán/alemana	deutsch; Deutscher/Deutsche
Austria	Österreich
austríaco/austríaca	österreichisch; Österreicher/-in
Bélgica	Belgien
belga (m/w)	belgisch; Belgier/-in
Holandia	Holland
holandés/holandesa	holländisch; Holländer/-in
Francia	Frankreich
francés /francesa	französisch; Franzose/Französin
Inglaterra	England
inglés/inglesa	englisch; Engländer/-in
Suiza	Schweiz
suizo/suiza	schweizerisch; Schweizer/-in

¿Cuánto tiempo ya estás en el Peru?
wieviel Zeit schon (du-)befindest-dich in der Peru
Wie lange bist du schon in Peru?

Hace dos semanas.
(es-)macht zwei Wochen
Seit zwei Wochen.

◎ **¿Cuánto cuesta el pasaje a Alemania?**
wieviel (sie-)kostet die Fahrkarte zu Deutschland
Wie viel kostet das Flugticket nach
Deutschland?

◎ **Es muy caro.**
(er-/sie-)ist sehr teuer
Das ist sehr teuer.

◎ **He trabajado mucho para ahorrar dinero.**
(ich-)habe gearbeitet viel für sparen Geld
Ich habe viel gearbeitet, um Geld zu sparen.

Zu Gast sein

Ein kleines Geschenk, zum Beispiel für die Kinder mitgebrachte Süßigkeiten aus Deutschland, kommen immer gut an.

¡Pase/pase (adelante)!
geh-vorbei!/(er-/sie-)gehe-vorbei! (vorwärts)
Tritt/treten Sie doch ein!

¡Toma/tome asiento, por favor!
nimm!/(er-/sie-)nehme Sitzplatz, für Gefallen
Nimm/nehmen Sie doch bitte Platz!

¡Buen provecho!
guten Nutzen
Guten Appetit!

¡Sírvete!/¡Sírvase!
servier!-dich/(er-/sie-)serviere!-sich
Nimm dir/nehmen Sie sich doch!

Está muy rica la comida.
(er-/sie-)befindet-sich sehr reich die Mahlzeit
Das Essen ist sehr lecker.

¿Te/le sirvo más?
dir/ihm (ich-)serviere mehr
Darf ich dir/Ihnen noch etwas geben?

Wenn man etwas angeboten bekommt und nur mit gracias (danke) antwortet, bedeutet das in Peru Zustimmung!

No, gracias.
nein, danke
Nein, danke.

🔹 **¿Cuántos años tienes/tiene?**
wieviele Jahre (du-)besitzt/(er-/sie-)besitzt
Wie alt bist du/sind Sie?

🔹 **Tengo veinticinco años.**
(ich-)besitze zwanzig-und-fünf Jahre
Ich bin 25 Jahre alt.

Studium

🔹 **Soy estudiante de ...**
(ich-)bin Student von
Ich bin Student/in in ...

Estudiante *bedeutet
sowohl "Student" als
auch "Studentin".*

arquitectura	Architektur
biología	Biologie
economía	BWL/VWL
química	Chemie
geografía	Geographie
geología	Geologie
historia	Geschichte
informática	Informatik
derecho	Jura
literatura	Literatur
ingeniería mecánica	Maschinenbau
matemática	Mathematik
medicina	Medizin
música	Musik
lenguas	Sprachen
pedagogía	Pädagogik
física	Physik
psicología	Psychologie

Berufe

¿Cuál es tu/su profesión?　　**Soy ...**
welcher ist dein/sein Beruf　　*(ich-)bin*
Was ist dein/Ihr Beruf?　　Ich bin ...

Ersetzt man die Endung -o durch -a, erhält man die weibliche Berufsbezeichnung, z. B. profesora (Lehrerin), obrera (Arbeiterin).

empleado	Angestellter
obrero	Arbeiter
doctor, médico	Arzt
panadero	Bäcker
campesino	Bauer
peluquero	Friseur
ama de casa	Hausfrau
ingeniero	Ingenieur
enfermero	Krankenpfleger
profesor	Lehrer
pintor	Maler
mecánico	Mechaniker
sacerdote, padre, cura	Pfarrer
abogado	Anwalt
pensionado	Rentner
zapatero	Schuhmacher

Familie

¿Tienes/tiene hermanos/niños?
(du-)besitzt/(er-/sie-)besitzt Geschwister/Kinder
Hast du/haben Sie Geschwister/Kinder?

Sí, tengo una hermana/hija.
ja, (ich-)besitze eine Schwester/Tochter
Ja, ich habe eine Schwester/Tochter.

🔊 **¿Eres/es usted casado/casada?**
(du-)bist/(er-/sie-)ist Sie verheiratet(m/w)
Bist du/sind Sie verheiratet?

Ein Pärchen, das zusammen verreist, aber nicht verheiratet ist, wird Erstaunen erwecken. Entweder man sagt von vornherein, man sei verheiratet, um sich weitere Fragen zu ersparen, oder man erklärt den Unterschied der Lebensweisen. Das ergibt dann sicherlich ein längeres Gesprächsthema.

divorciado/-a	geschieden
soltero/-a	alleinstehend
viudo/-a	verwitwet

🔊 **Aquí tengo unas fotos. Es mi ...**
hier besitze einige Fotos   (er-/sie-)ist mein ...
Hier habe ich einige   Das ist mein /meine ...
Fotos.

novio/novia	feste/r Freund/in	*Familie wird in*
marido/esposa	Ehemann/Ehefrau	*Peru sehr traditionell*
padre/madre	Vater/Mutter	*verstanden.*
abuelo/abuela	Großvater /-mutter	*Der Kontakt auch*
hermano/hermana	Bruder/Schwester	*zu entfernten*
hijo/hija	Sohn/Tochter	*Verwandten ist*
nieto/nieta	Enkel/Enkelin	*oft eng.*
tío/tía	Onkel/Tante	
sobrino /sobrina	Neffe/Nichte	
primo/prima	Cousin/Cousine	
cuñado/cuñado	Schwager/Schwägerin	

Familienbezeichnungen haben manchmal in der männlichen Form Mehrzahl eine andere Bedeutung als in der Einzahl:

los padres	die Eltern
los abuelos	die Großeltern
los hijos	die Kinder
los hermanos	die Geschwister

Mit los viejos sind die Eltern gemeint, allerdings nicht abwertend, sondern eher liebevoll.

Für Freund und Freundin gibt es mehrere Ausdrücke:

amigo/-a	Freund/-in
compa	Kumpel

Liebe & Schmeicheleien

In Touristenstädten wie Cusco – und nicht nur dort – ist allgemein das Interesse an hellhäutigen Frauen und Männern groß. Das peruanische Spanisch hat da auch gleich die passenden Ausdrücke parat: Unter caza gringa versteht man die „Liebesjagd" nach Gringos oder Gringas.

Alleinreisende Frauen sollten das wissen, zumal es in Peru üblich ist, dass eine Frau nur in Begleitung ausgeht. Nichtsdestotrotz ist Allein-Reisen im Lande gut möglich. Aufdringliche Männer ignoriert frau am besten. Aber Flirten muss ja nicht nur unangenehm sein.

¡Hola guapa!
hallo hübsche
Hallo Süße!

Eres bien linda.
(du-)bist gut hübsche
Du bist sehr hübsch.

Tienes unos ojos muy lindos.
(du-)besitzt einige Augen sehr schöne
Du hast sehr schöne Augen.

Te quiero.
dich (ich-)liebe
Ich liebe dich.

Quiero hacer el amor contigo.
(ich-)will machen die Liebe mit-dir
Ich will mit dir schlafen.

querer, amar	lieben
el amor	die Liebe
enamorarse	sich verlieben
estar enamorado/-a _befinde-sich verliebt(m/w)_	verliebt sein
el enamorado	der Geliebte
la enamorada	die Geliebte
cariñoso	zärtlich
el cariño	die Zärtlichkeit
abrazar	umarmen
el abrazo	die Umarmung
besar	küssen
el beso	der Kuss
la píldora	die Pille
condón, preservativo	Kondom, Preservativ
hacer el amor _machen die Liebe_	miteinander schlafen
acostarse con _sich hinlegen mit_	ins Bett gehen mit
estar embarazada _befinden-sich schwanger_	schwanger sein
SIDA	AIDS
pata	Pfote (für Freund)
flaca	Schlanke (für Freundin)
mi hembra	mein „Weibchen"

No quiero.
nicht (ich-)will
Ich will nicht.

¡Déjame tranquilo/tranquila!
lass!-mich ruhig(m/w)
Lass mich in Ruhe!

Beachten Sie: tranquilo sagt ein Mann, tranquila eine Frau.

Unterwegs

Reisen mit den öffentlichen Verkehrsmitteln ist sehr günstig und die beste Gelegenheit, Spanisch zu üben. In Peru gibt es verschiedene Arten, sich von einem Ort zum anderen fortzubewegen: mit Kleinbussen oder Taxis innerhalb der Stadt, mit Überlandbussen oder dem Zug und für größere Entfernungen mit dem Flugzeug. Letzteres ist nicht ganz billig und eher ungeeignet, um Land und Leute kennen zu lernen.

Ein Auto zu mieten ist unverhältnismäßig teuer und wegen der zum Teil schlechten Straßenzustände nicht zu empfehlen.

in der Stadt

In peruanischen Städten ist das Straßennetz schachbrettartig angelegt, die dadurch entstandenen Blöcke heißen cuadras. Mit jeder cuadra steigen die Hausnummern um 100 an, was die Orientierung sehr erleichtert.

Der zentrale Platz im Zentrum fast jeder Stadt heißt Plaza de Armas (Platz der Waffen).

Disculpe, ¿dónde está la calle ...?
(er-/sie-)entschuldige!, wo (sie-)befindet-sich die Straße
Entschuldigen Sie, wo befindet sich die Straße ...?

¿Me lo podría mostrar en el mapa, por favor?
mir es (er-/sie-)könnte zeigen in der Karte, für Gefallen
Könnten Sie es mir bitte auf der Karte zeigen?

¿Cuánto falta para ...?
wieviel (er-/sie-)fehlt für
Wie weit ist es bis ...?

Está muy lejos todavía.
(er-/sie-)befindet-sich sehr weit noch
Es ist noch sehr weit.

Está a unas diez cuadras de aquí.
(er-)befindet-sich zu einige zehn Blöcke von hier
Es ist ungefähr zehn Straßen weiter.

Está aquí a la vuelta.
(er-/sie-)befindet-sich hier zu die Drehung
Es ist gleich hier um die Ecke.

¡Sigue!	**¡Siga!**
weitergeh!	*(er-/sie-)weitergehe!*
Geh weiter!	Gehen Sie weiter!

Es la tercera calle a la izquierda.
(er-/sie-)ist die dritte Straße zu die Linke
Es ist die dritte Straße links.

a la izquierda	*zu die Linke*	(nach) links
a la derecha	*zu die Rechte*	(nach) rechts
recto, derecho		geradeaus
atrás		zurück

delante de	*vor von*	vor
detrás de	*hinter von*	hinter
enfrente		gegenüber
al lado	*zur Seite*	neben
al fondo	*zum Boden*	da hinten
al final	*zum Ende*	am Ende
cerca – lejos		nah – weit
acá, aquí		hier
allá		dort
por acá, aquí	*für hier*	hierher, hier entlang
por allá	*für dort*	dorthin, dort entlang
calle (w)		Straße
plaza		Platz
esquina		Ecke
cuadra		Häuserblock
cruce		Kreuzung
semáforo		Ampel

mit dem Taxi

Es ist viel günstiger als bei uns, in den Städten mit dem Taxi zu fahren. Die Autos haben keine besondere Farbe, sondern lediglich einen Taxiaufkleber an der Windschutzscheibe. Man wird Ihnen einen festen Preis sagen. Wenn er Ihnen zu hoch erscheint, sollten Sie ruhig versuchen zu handeln.

¿Cuánto me cobra para la Plaza de Armas?
wieviel mich einnimmt für die Plaza de Armas
Wie viel kostet es bis zur Plaza de Armas?

Es muy caro.
(er-/sie-)ist sehr teuer
Das ist zu teuer.

Le doy ...
ihm (ich-)gebe
Ich gebe Ihnen ...

¡Lleváme al centro!
mitnimm-mich! zum Zentrum
Fahren Sie mich zum Zentrum!

¡Pare en la esquina, por favor!
(er-/sie-)anhalte! in die Ecke, für Gefallen
Halten Sie bitte an der Ecke!

Voy a bajar acá.
(ich-)gehe zu aussteigen hier
Ich werde hier aussteigen.

mit dem Colectivo

Die vielen Kleinbusse in Lima und anderen größeren Städten heißen colectivos. Oft gibt es keine eigentlichen Haltestellen. Man kann ihnen am Straßenrand ein Zeichen geben, um dann schnell aufzuspringen. Mitzubekommen, wo sie langfahren, ist allerdings etwas schwieriger, denn das wird in oft bewundernswerter Sprechgeschwindigkeit aus dem Fenster gerufen. Fahrroute und -ziel sind zwar auch an der Windschutzscheibe angeschlagen, aber bei dem Eiltempo der colectivos erkennt man auch das meistens erst zu spät. Am besten nochmal nachfragen.

🔊 **Por favor, ¿dónde pasa un colectivo que va a la plaza de Armas?**
für Gefallen, wo (er-/sie-)vorbeifährt der Kleinbus der geht zu der Platz von Waffen
Wo bitte fährt ein Kleinbus Richtung Plaza de Armas?

🔊 **¿Pasa usted por el centro?**
(er-/sie-)vorbeifährt Sie durch das Zentrum
Fahren Sie am Zentrum vorbei?

🔊 **Sí, ¡sube!**
ja, einsteig!
Ja, Steig ein!

Um anzuzeigen, dass man aussteigen möchte, sagt man einfach baja. Eigentlich steht es für alguien baja (jemand steigt aus), aber es hat sich als praktische Kurzformel durchgesetzt und bedeutet so viel wie „Halten Sie an, ich will aussteigen!".

🔊 **¡Baja la esquina!**
(er-/sie-)aussteigt die Ecke
Ich steige an der Ecke aus.

Una parada en la esquina.
eine Haltestelle in die Ecke
Halten Sie bitte an der Ecke!

Oft verwendet man auch die Verkleinerungsform paradita (Haltestellchen).

mit dem Bus

Busse (autobuses) sind das Hauptverkehrsmittel in Peru. Mit ihnen erreicht man nahezu jeden Ort im Land. Das Straßennetz ist in den letzten Jahren erheblich ausgebaut und verbessert worden.

Trotzdem müssen Sie Ausdauer und manchmal auch starke Nerven mitbringen. Denn man darf man nicht vergessen, dass die Busse, vor allem im Andenhochland zum Teil riesige Höhenunterschiede meistern müssen. Da geht es schon mal stundenlang in Tempo 30 eine holprige, unbeflasterte Straße entlang.

terminal terrestre	Busbahnhof
transportes terrestres	Busunternehmen

¿A qué hora salen los autobuses para Puno?
zu was Stunde (sie-)abfahren die Busse für Puno
Wann fahren die Busse nach Puno ab?

¿Cuánto cuesta el pasaje?
wieviel (er-/sie-)kostet die Fahrkarte
Wie viel kostet die Fahrkarte?

In diesen Satz kann man auch z. B. folgende Wörter einsetzen:

boleto	Fahrschein
asiento	(Sitz-)Platz

mit dem Zug

Leider geht die Bedeutung des Schienen-
verkehrs in Peru zurück. Es bestehen heute
nur noch zwei Verbindungen: der Ferrocarril del
Sur fährt von Arequipa über Juliaca nach Puno
und von Juliaca geht es weiter nach Cusco.
Diese Strecken sind sehr reizvoll, denn es geht
durch das Andenhochland auf bis zu 4300 m.

Die andere Verbindung Cusco – Puente
Ruinas (Machu Picchu) ist der einzige Ver-
kehrsweg nach Machu Picchu. Man unterscheidet hierbei zwischen „Touristenzug" und
tren local, das ist ein viel günstigerer Zug für die
Einheimischen. Im Touristenzug wird auch
Essen serviert. An jedem Haltepunkt werden
aber auch Händlerinnen einsteigen und Ge-
tränke, Süßigkeiten, Obst oder Selbstgekoch-
tes verkaufen.

estación de ferrocarril	Bahnhof
Station von Eisenbahn	
tren, ferrocarril	Zug, Eisenbahn
vagón	Waggon
fumador	Raucher
no fumador	Nichtraucher
pasaje	Fahrkarte
ida	(nur) Hinfahrt
ida y vuelta	Hin- und Rückfahrt
Hinfahrt und Rückkehr	
primera clase	erste Klasse
segunda clase	zweite Klasse

vjaje	Reise
horario	Fahrplan
salida	Abfahrt
llegada	Ankunft
retraso	Verspätung
salir, partir	abfahren
llegar	ankommen
andén	Bahnsteig
pasillo	Gang

Un pasaje de segunda clase a Puno, ida y vuelta, por favor.
eine Fahrkarte von zweiter Klasse zu Puno, Hinfahrt und Rückkehr, für Gefallen
Eine Fahrkarte zweiter Klasse nach Puno, hin und zurück, bitte.

per Anhalter

In Peru ist es unüblich zu trampen. Trotzdem wird man am Straßenrand stehend mitgenommen. Es wird aber immer erwartet, dass man für das Mitfahren etwas bezahlt. Für „trampen" sagt man in Peru leger „den Daumen raushalten": tirar dedo (*„ziehen Finger"*).

¿Me puedes llevar a Abancay?
mich (du-)kannst mitnehmen zu Abancay
Kannst du mich nach Abancay mitnehmen?

¿Cuánto te debo?
wieviel dir (ich-)schulde
Wie viel bin ich dir schuldig?

mit dem Flugzeug

Von vielen größeren Städten Perus aus gibt es Flüge nach Lima. Inlandsflüge sind relativ preiswert, internationale Flüge meistens sehr teuer. Viele Angestellte sprechen auch Englisch, man kann es allerdings nicht immer voraussetzen.

aeropuerto	Flughafen
vuelo nacional	Inlandsflug
Flug national	
vuelo internacional	Internationaler Flug
Flug international	
avión	Flugzeug
el equipaje de mano	Handgepäck
das Gepäck von Hand	
despegar	starten
aterrizar	landen
hacer escala	zwischenlanden
machen Staffel	
azafata	Stewardess

🖑 **¿Todavía hay asientos en la ventanilla?**
noch es-gibt Sitzplätze in die Fenster
Gibt es noch Fensterplätze?

🖑 **El vuelo está cancelado.**
der Flug (er-/sie-)befindet-sich gestrichen
Der Flug ist gestrichen.

Übernachten

Eigentlich wird man immer, wo man auch ankommt, eine Übernachtungsmöglichkeit finden. Nur in der Hochsaison und zu Feiertagen kann es schon mal vorkommen, dass alle Hotels ausgebucht sind.

pensión, residencial	einfache Pension
hospedaje	einfache Unterkunft
hostal	(oft einfaches) Hotel
hotel	Hotel
cabaña	Ferienbungalow
tienda (de campaña) *Laden (von Feld)*	Zelt
habitación simple *Zimmer einfach*	Einzelzimmer
habitación doble *Zimmer doppelt*	Doppelzimmer
baño	Bad
ducha	Dusche
cama (matrimonial)	(Doppel-/Ehe-)Bett
patio	Innenhof
aire condicionado (m)	Klimaanlage
toalla	Handtuch
frazada	Decke
jabón	Seife
llave (w)	Schlüssel

¿Hay un hotel cerca por aquí?
es-gibt ein Hotel für hier nah
Gibt es hier in der Nähe ein Hotel?

🔊 **Necesitamos una habitación doble con baño.**
(wir-)brauchen ein Zimmer doppelt mit Bad
Wir brauchen einDoppelzimmer mit Bad.

🔊 **¿Tiene una habitación libre?**
(er-/sie-)besitzt ein Zimmer frei
Haben Sie ein Zimmer frei?

🔊 **¿Puedo verla?**   **¿Hay agua caliente?**
(ich-)kann sehen-es   *es-gibt Wasser warm*
Kann ich es ansehen?   Gibt es Warmwasser?

🔊 **(No) me gusta el cuarto.**
(nicht) mir (es-)gefällt das Zimmer
Mir gefällt das Zimmer (nicht).

🔊 **Me gustaría más un cuarto que da al patio.**
mir (er-/sie-)würde-gefallen mehr ein Zimmer,
das (es-)gibt zum Hof
Ich hätte lieber ein Zimmer zum Hof.

🔊 **¿Podemos quedarnos una noche más?**
(wir-)können bleiben-uns eine Nacht mehr
Können wir noch eine Nacht länger bleiben?

Trekking in den Anden

Eine Hauptattraktion Perus sind sicherlich die Anden und die unzähligen Wandermöglichkeiten. Bevor es richtig losgeht, sollte man sich aber einen Tag zur Eingewöhnung an die Höhe genehmigen, um nicht an der Höhenkrankheit (soroche) zu erkranken. In Peru wird das andinische Hochland mit sierra bezeichnet.

Sierralandschaft

las aguas calientes *die Wasser warme*	die heißen Quellen
altiplano	Hochland/-ebene
bosque	Wald
cerro, monte	Berg
chacra	Feld
cueva	Höhle
cruz (w)	Kreuz, (auch:) Aussichtspunkt
laguna	Lagune
oasis	Oase
paso	Pass
río	Fluss
salar	Salzsee
las salinas	die Salinen
sierra	Gebirge
valle	Tal
volcán	Vulkan

**Por favor, ¿dónde está el camino
a los baños termales?**
*für Gefallen, wo (er-/sie-)befindet-sich der Weg
zu die Bäder thermale*
Wo geht es bitte zu den Thermalbädern?

**Siguen esta carretera hasta encontrar
un pequeño camino a la izquierda.**
*(ihr-/sie-)folgen diese Straße bis finden
ein klein Weg zu die Linke*
Ihr geht/Sie gehen diese Straße weiter, bis
Sie an einen kleinen Weg auf der linken Seite
gelangen.

Hay un restaurant por allí?
es-gibt ein Restaurant für dort
Gibt es dort ein Restaurant?

Restaurant, no hay.
Restaurant, nicht es-gibt
Ein Restaurant gibt es nicht.

Una tienda nomás hay.
ein Geschäft nicht-mehr es-gibt
Es gibt nur ein Geschäft.

Gracias. ¡Hasta luego! ¡Mucha suerte!
Danke. Bis dann!   Viel Glück!

Wenn man wissen will, wie weit es noch bis zu
einem bestimmen Ziel ist, so sollte man einen
campesino (Bauer) besser nicht nach der Kilo-
meterentfernung fragen, denn die kennt er

oft nicht und hat auch kein Gefühl dafür. Auch passiert es, dass etwas als sehr nah empfunden wird, was dann doch zwei Stunden Fußmarsch benötigt. In den Anden funktionieren Raum- und Zeitempfindung einfach anders!

¿Adónde vas?	**Voy a las ruinas.**
wohin (du-)gehst	*(ich-)gehe nach die Ruinen.*
Wohin gehst du?	Ich gehe zu den Ruinen.
¿Es lejos todavía?	**No, falta poco.**
(es-)ist weit noch	*nein, (es-)fehlt wenig*
Ist es noch weit?	Nein, es fehlt nur wenig.
Muy cerca es.	**¡Sigue el camino nomás!**
sehr nah (es-)ist	*folge! der Weg nicht-mehr*
Es ist sehr nah.	Immer den Weg entlang.

caminar	wandern, spazieren
escalar	klettern
camino – carretera	Weg – Straße
seguir un camino	einem Weg folgen
folgen ein Weg	
continuar	weitergehen
subir	hinaufgehen/-steigen
bajar	hinuntergehen/-steigen
cerca – lejos	nah – weit
acá, aquí – allá	hier – dort
por acá, aquí	hierher, hier entlang
für hier	
por allá	dorthin, dort entlang
für dort	

Ortsbezeichnungen auf Quechua

apu	Bezeichnung für wichtige Gipfel und Flüsse, die als heilig angesehen werden
bamba, pampa	Ebene
cabana	Aussichtspunkt
cancha	Festung
cocha, qocha	See, Lagune
huanca	Stein, Fels
llaqta, marca	Dorf
mayu, mayo	Fluss
picchu	Berg
tambo	Ortschaft auf ehemaliger Inkastraße
vilca	heilig
wasi, huasi	Haus

Die folgenden Ortschaften, Flüsse, Berge und Gebäude werden einem auf einer Reise durch Peru sicherlich begegnen. Eine kleine Übersetzungshilfe:

Apurimaq	Sprechender Apu
Quillabamba	Mondebene
Cabanaconde	Aussichtspunkt nach Westen
Qoricancha	Goldene Festung
Yanacocha	Schwarzer See
Huancayo	Ort, der Steine besitzt
Picillaqta	Flohdorf
Cochamarca	Seedorf
Tantamayu	Flussvereinigung

Machu Picchu	Alter Berg
Huayna Picchu	Junger Berg
Paucartambo	Bunte Ortschaft
Vilcamayo	Heiliger Fluss
Pampahuasi	Haus in der Ebene

Wandern & Bergsteigen, Trekkingbedarf

In den größeren Touristenstädten, wie Cusco, kann man sich Trekkingbedarf mieten. Man sollte sich jedoch versichern, dass alles funktionstüchtig mitgeliefert wird.

Wer den camino inca macht, kann das mit einem guía, einem Führer, tun, was immer eine gute Gelegenheit ist, Spanisch zu sprechen und von Einheimischen vieles über Land und Leute zu erfahren. Auch kann man sich einen portador, einen Träger, oder oft auch einen Esel mieten, der Rucksack, Zelt etc. schleppt. Deswegen braucht man kein schlechtes Gewissen zu bekommen oder sich als Ausbeuter zu fühlen; für die Bauern ist dies oft eine willkommene Gelegenheit, etwas dazuzuverdienen.

Es versteht sich allerdings von selbst, dass man um den Preis nicht handelt – es ist preiswert genug! – und am Ende ein gutes Trinkgeld gibt.

alquilar	mieten
guía (m)	Führer
portador	Träger

burro/asno	Esel
propina	Trinkgeld
mochila	Rucksack
botas (w Mz)	(Wander-)Schuhe
impermeable	Regenjacke
carpa	das Zelt
bolsa de dormir, *Sack von schlafen*	Schlafsack
sliping/bag	
colchoneta	Isomatte
piquete	Hering
cuerda	Seil, Leine
hornillo de gas *Öfchen von Gas*	Gaskocher
cartucho de gas *Patrone von Gas*	Gaspatrone
soroche	Höhenkrankheit

Will man auf einer Wanderung von den Andenbewohnern Fotos machen, so sollte man sie unbedingt vorher fragen und es auch akzeptieren, wenn sie es nicht bewilligen. Nicht selten fühlen sie sich als zu arm und schlecht gekleidet und können mit unserer Sozialnostalgie nichts anfangen.

Andererseits werden Ihnen auf Schritt und Tritt Kinder begegnen, die sich knipsen lassen wollen und dann um eine propina (Trinkgeld) oder geradeheraus um plata, also um „Silbermünzen", bitten. Oft fragen sie auch einfach nach caramelos (Süßigkeiten). Besser ist es jedoch, ihnen kleine Spielsachen, z. B. Luftballons, Malstifte, Schreibhefte, zu schenken.

Im Regenwald

Peru verfügt über verschiedene Regenwaldgebiete. In der Nähe Cuscos befindet sich der Manu-Nationalpark, der bereits zum Amazonasbecken gehört. Er ist der größte Nationalpark in Peru und sicher auch der artenreichste in Südamerika. Indianische Gruppen können weiterhin dort, z. T. ohne Kontakt zur Außenwelt, leben, denn nur 20% des Reservates sind für Besucher geöffnet. Es ist deshalb auch nötig, mit einem Führer den Manu zu besichtigen. Touren sind zwar nicht ganz billig, aber ihr Geld wert.

Weiter nördlich erstreckt sich das Amazonasbecken. Bereits die Zuflüsse des Amazonas zu bereisen, ist ein unvergessliches Abenteuer, verlangt aber gute Vorbereitung und viel Zeit.

Mit selva bezeichnet man in Peru allgemeinden „Urwald", unter ceja de selva versteht man den Übergang vom Hochland, der sierra, in die selva. Diese Gebiete weisen bereits tropische Vegetation auf, befinden sich aber noch auf einer Höhe zwischen etwa 1500 m und 500 m.

Selvalandschaften

selva	Urwald
jungla	Dschungel
ceja de selva	Bergdschungel
Augenbraue von Dschungel	

llanura	Ebene
plantación de café	Kaffeeplantage
Plantage von Kaffee	
río	Fluss
corriente (w)	Strömung
pongo	Flussklamm
cuenca, leche	Flussbett
afluente	Nebenfluss
catarata/cascada	Wasserfall
brazo	Seitenarm
estuario	breite Flussmündung

◎ **¿Cuándo va a haber bote para Pucallpa?**

wann (er-/sie-)geht zu haben Boot für Pucallpa

Wann wird ein Boot nach Pucallpa fahren?

◎ **Mañana, va a haber bote.**

morgen (er-/sie-)geht zu haben Boot

Morgen fährt ein Boot.

◎ **¿Nos puede llevar hacia Atalaya?**

uns (er-/sie-)kann mitnehmen bis Atalaya

Können Sie uns bis Atalaya mitnehmen?

canoa	Kanu
balsa	Floß
bote	Boot
barco	Schiff
lancha (de carga)	(Last-)Kahn
Kahn (von Last)	
regatón	schwimmender Händler
guía (m)	Führer

Trekking in den Anden

cabaña	Hütte
lodge	Lodge
mosquitero	Moskitonetz
repelente	Insektenschutzmittel
hamaca	Hängematte
cuerda	Seil
binoculares (m Mz)	Fernglas

¿Podría colgar mi hamaca acá?
(ich-)könnte aufhängen meine Hängematte hier
Könnte ich hier meine Hängematte
aufhängen?

¿Conoce Usted un guía para la selva?
(er-/sie-)kennt Sie ein Führer für der Urwald
Kennen Sie einen Führer für den Urwald?

¿Cómo se llama este río?
wie sich (er-/sie-)ruft dieser Fluss
Wie heißt dieser Fluss?

¿Me puedo bañar en este río?
mich (ich-)kann baden in dieser Fluss
Kann ich in diesem Fluss baden?

¿Dónde puedo hacer un paseo por aquí?
wo (ich-)kann machen ein Spaziergang für hier
Wo kann ich hier einen Spaziergang machen?

¿Hay animales peligrosos?
es-gibt Tiere gefährliche
Gibt es gefährliche Tiere?

helecho	Farn
musgo	Moos
orquídea	Orchidee
hormiga	Ameise
oso hormiguero	Ameisenbär
guacamayo	Ara (Papageienart)
oso de anteojos	Brillenbär
perezoso	Faultier
gallito de rocas	Felsenhahn
murciélago	Fledermaus
mosca	Fliege
saltamontes	Heuschrecke
otorongo, jaguar	Jaguar
lagarto	Kaiman
frailecillo	Kapuzineräffchen
buitre real	Königsgeier
mosquito	Mücke
pecarí	Nabelschwein
nutria	Nutris (Biberart)
ocelote	Ozelot
loro	Papagei
perdices	Rebhuhn
garza	Reiher
tortuga	Schildkröte
culebra	Schlange
mariposa	Schmetterling
manatí, vaca marina	Seekuh
araña	Spinne
zancudo	Stechmücke
capibara	Wasserschwein
avispa	Wespe
venado	Wild
anguillas electricas	Zitteraal

Essen & Trinken

Verschiedenste Einflüsse haben die peruanische Küche sehr vielfältig werden lassen. Man findet sowohl typisch kreolische Speisen wie auch chinesische und indianische Spezialitäten. In den Touristenstädten natürlich auch Hamburger, Pizza usw. Aber die hat man ja sicher schon probiert ...

Zur Mittagszeit werden überall preiswerte Tagesmenüs (menú del día) angeboten. Die bestehen meistens aus einer Vorsuppe, einem Fleischgericht, Nachtisch und einem Getränk. Auch am Abend stehen Menüs auf der Karte, die ein wenig teurer, aber immer noch sehr günstig sind.

In Peru heißen Restaurants nicht einfach nur restaurantes, *sondern es gibt verschiedene Typen.*

peña	Restaurant mit Live-Musik
quinta	Landrestaurant mit Innenhof
picantería	einfache Gaststätte
bar-restaurant	einfaches Restaurant, oft auch Kneipe
restaurante vegetariano	vegetarisches Restaurant
chifa	China-Restaurant
parrillada	Grill(-Restaurant)

¿Está ocupada/libre esta mesa/la silla?
befindet-sich besetzt/frei dieser Tisch/der Stuhl
Ist dieser Tisch/Stuhl besetzt/frei?

bestellen

◑ **¿Qué hay como menú/desayuno?**
was es-gibt wie Menü/Frühstück
Was gibt es als Menü/Frühstück?

◑ **¿Qué nos recomienda? ¿Es muy picante?**
was uns (er-/sie-)empfiehlt (er-/sie-)ist sehr scharf
Was empfehlen Sie uns? Ist es sehr scharf?

◑ **¡La carta, por favor! ¡Buen provecho!**
die Karte, für Gefallen guten Nutzen
Die Speisekarte, bitte! Guten Appetit!

*Auf „Guten Appetit"
antwortet man
in Peru mit*
gracias *(danke)*
oder servido *(bedient).*

◑ **¡Por favor, falta un cuchillo!**
für Gefallen, (er-/sie-)fehlt ein Messer
Entschuldigung, es fehlt ein Messer.

carta	Speisekarte
comida	Essen, Gericht
desayuno	Frühstück
almuerzo	Mittagessen
cena	Abendessen
bebida	Getränk
cubierto	Gedeck
plato	Teller
vaso	Glas
copa	Weinglas
taza	Tasse
cuchillo	Messer
cuchara	Löffel
tenedor	Gabel
servilleta	Serviette

bezahlen

¡La cuenta, por favor! 🔊
die Rechnung, für Gefallen
Die Rechnung, bitte!

Pagamos por separado. **¡Todo junto!** 🔊
(wir-)zahlen für getrennt *alles zusammen*
Wir zahlen getrennt, bitte. Zusammen.

Me parece que aquí hay un error. 🔊
mir (er-/sie-)erscheint dass hier es-gibt ein Fehler
Ich glaube, hier stimmt etwas nicht.
(an der Rechnung)

¡Eso no lo he pedido! **¡Está bien!** 🔊
das nicht es (ich-)habe bestellt *befindet-sich gut*
Das habe ich nicht bestellt! Stimmt so!
                              (Trinkgeld)

Als Trinkgeld (propina) lässt man 10-15% des Rechnungsbetrages auf dem kleinen Tellerchen liegen, auf dem man das Wechselgeld bekommen hat.

Spezialitäten

Alle Gerichte peruanischer Restaurants aufzulisten, würde diesen Sprechführer sprengen. Deshalb hier nur eine Auswahl an typischen Gerichten sowie eine kleine Hilfe zum Übersetzen der Speisekarte.

adobo	Schweinefleisch im Schmortopf
ají de gallina	Art Hühnerfrikasee in scharfer Chilisauce
anticuchos	Rinderherzspieße mit scharfer Pfeffersauce
arroz chaufa	gebratener Reis auf chinesische Art
arroz a la cubana	Reis mit gebratenen Bananen
arroz con pato	Reis mit Ente
causa limeña	gewürztes Kartoffelpüree mit Mayonnaise und Gemüse
ceviche/cebiche	marinierter Fisch mit Zwiebeln, Salat, Gemüse
chicharron de chancho	fritierte Schweinshaxe mit Salat
lomo saltado	Rindersteak mit Zwiebeln, Tomaten, Kartoffeln und Reis
ocopa arequipeña	Kartoffeln in scharfer Chili-Erdnusssoße
picante de cuy	gebratenes Meerschweinchen
palta a la reina	Avocado gefüllt mit Hühnchensalat
papa al huancaína	Kartoffeln in Erdnusssoße
pastel de choclo	überbackener Mais mit Fleisch, Rosinen und Oliven

rocoto relleno	kleine, aber scharfe Variante unserer gefüllten Paprikaschoten
salchipapa	Bratwurst mit Bratkartoffeln in scharfer Sauce
sopa a la criolla	leicht scharfe Suppe mit Nudeln, Rindfleisch und Gemüse
tallarines con gallina	Hühnerragout mit Nudeln

aus der Speisekarte

entrada	Vorspeise
segundo plato *zweiter Teller*	Hauptgericht
postre	Nachtisch
cocido	gekocht
al horno *zum Ofen*	gebacken
asado	gegrillt
frito	fritiert
caldo	Brühe
sopa	Suppe
huevo (frito) *Ei (gebraten)*	(Spiegel-)Ei
huevo revuelto *Ei aufgewühlt*	Rührei
ensalada	Salat
tortilla	Omelett

Fleisch & Fisch

bistec	Beefsteak
carne (w)	Fleisch
carne de cerdo/chancho	Schweinefleisch
Fleisch von Schwein	
carne de cordero	Lammfleisch
Fleisch von Lamm	
carne de ternera	Kalbsfleisch
Fleisch von Kalb	
carne molida	Hackfleisch
Fleisch gemahlen	
chuleta	Kotelett
estofado	Steak
lomo	Rinderbraten
mariscos	Meeresfrüchte
milanesa	Schnitzel
pejerrey	Königsfisch
pescado	Fisch
pollo	Huhn
salmón	Lachs
trucha	Forelle

Gemüse

ají	peruanischer Chili
ajo	Knoblauch
alcachofa	Artischocke
arvejas	Erbsen
camote	Süßkartoffel
cebolla	Zwiebel
choclo	Mais
espinaca	Spinat

frejoles	Bohnen
lechuga	Kopfsalat
papa	Kartoffel
pimiento	Paprika
verduras	Gemüse
zapallo	Kürbis

Nachtisch

torta	Torte
helado	Eis
flan	Karamelpudding
ensalada de frutas *Salat von Früchten*	Obstsalat
postre	Nachtisch
queque	Kuchen
panqueque	Pfannkuchen, Crêpes

Getränke

¡Una botella de agua, por favor!
eine Flasche von Wasser, für Gefallen
Eine Flasche Mineralwasser, bitte.

Por favor, ¿tiene jugo de papaya?
für Gefallen, (er-/sie-)besitzt Saft von Papaya
Entschuldigung, haben Sie Papayasaft?

¡Otra cerveza!
anderes Bier
Noch ein Bier!

alkoholfreie Getränke

Kaffee ist meistens löslicher Instantkaffee. Oft wird er auch als Konzentrat in Kännchen auf den Tisch gestellt. Zu einer kleinen Menge wird dann nur noch heißes Wasser hinzugefügt.

bebida	Getränk
agua mineral (w)	Mineralwasser
Wasser mineralisch	
con gaz	mit Kohlensäure
mit Gas	
sin gaz	ohne Kohlensäure
ohne Gas	
refresco	Erfrischungsgetränk
gaseosa	Limonade
inca cola	süße gelbe Limonade,
Inka Cola	Nationalgetränk
chicha morada	Getränk aus violettem
Chicha violett	Mais, auch instant
café solo	Kaffee (schwarz)
Kaffee allein	
café con leche	Kaffee mit Milch
café sin azúcar	Kaffee ohne Zucker
té (puro)	schwarzer Tee
Tee (pur)	
mate	Kräutertee
mate de coca	Cocatee
Mate von Coca	
mate de manzanilla	Kamillentee
Mate von Kamille	

alkoholische Getränke

aguardiente	Schnaps (allgemein)
anís	Anisschnaps
chicha	halbvergorener Maissaft
cerveza clara	helles Bier
cerveza oscura	dunkles Bier
cerveza malta	Malzbier
cóctel	Cocktail
pisco	Traubenschnaps
pisco sour	Aperitif aus Pisco, Zucker, Zitrone und Eischnee
ron	Rum
vino blanco	Weißwein
vino tinto	Rotwein

Alkohol und Drogen in der Umgangssprache

emborracharse	sich besaufen
marearse, chupar	sich besaufen
borracho	besoffen
cebada	Bier
yerba	Marihuana, Gras
pito	Joint
volado	high

Einkaufen

In Peru wird man, außer in der Hauptstadt Lima, kaum Supermärkte, geschweige denn große Einkaufszentren finden. Kaufen und Verkaufen findet auf der Straße und auf Märkten statt. Letztere erstrecken sich oft über viele Kilometer und bieten neben Obst und Gemüse auch Kleidung, Elektrogeräte, Hauseinrichtung usw. an, einfach alles, was man braucht. Als Tourist wird einem in jedem Fall erst einmal ein höherer (aber immer noch günstiger) Preis genannt, der sich mit ein wenig Geschick herunterhandeln lässt.

auf dem Markt

¡Buenos días!
gute Tage
Guten Tag!

¿A cómo está la chompa?
zu wie befindet-sich der Pullover
Wie viel kostet der Pullover?

Cincuenta Soles.
fünfzig Soles
Fünfzig Soles.

¡Lleváme!
mitnimm!-mir
Kauf ihn mir ab!

Te la dejo por cuarenta y cinco.
dir sie (ich-)lasse für vierzig und fünf
Ich lasse ihn dir für fünfundvierzig.

Es muy caro.
(es-)ist sehr teuer
Das ist sehr teuer.

¿Me la dejas por treinta?
mir ihn (du-)lässt für dreißig
Lässt du ihn mir für 30?

Por treinta te la llevo.
für dreißig dir sie (ich-)mitnehme
Für dreißig kauf ich ihn dir ab.

Treinta y cinco, mamita/papito.
dreißig und fünf, kleine-Mama/kleiner-Papa
Fünfunddreißig, gute Frau/guter Mann.

Mucho trabajo es.
viel Arbeit (er-/sie-)ist
Es ist viel Arbeit.

Si, bueno, treinta y cinco Soles.
ja, gut, dreißig und fünf Soles
Ja, gut. Fünfunddreißig.

contrabando	Schwarzmarkt
mercado	Markt
placera	Marktfrau
comprar – vender	kaufen – verkaufen
barato	billig
(muy/demasiado) caro	(sehr/zu) teuer
regatear	handeln
llevar	mitnehmen
rebajar el precio *senken der Preis*	den Preis senken
descuento/rebaja	Preissenkung
yapa	Zugabe

¿A cómo es/está?   ¿Cuánto es/cuesta/vale?
zu wie ist/befindet-sich wieviel ist/kostet/ist-wert
Wie viel kostet es?   Wie viel kostet es?

🍊 **¿Cuánto cuestan esas naranjas?**
wieviel kosten die-da Orangen
Wie viel kosten diese Orangen?

🍊 **Tres por un Sol.**   **¿Último cuánto?**
drei für ein Sol   *letzter wieviel*
Drei für einen Sol.   Letztes Angebot?

🍊 **¡Dame seis, por favor!**   **¿Me das una yapa?**
gib!-mir sechs, für Gefallen *mir gibst eine Zugabe*
Gib mir bitte sechs!   Gibst du mir eine
                               Zugabe?

🍊 **Si, mamita, le doy siete.**
ja, kleine-Mama, ihm/ihr (ich-)gebe sieben
Ja, gute Frau. Ich gebe Ihnen sieben.

🍊 **Muchas gracias.**
viele Danke
Vielen Dank.

piña	Ananas
manzana	Apfel
plátano	Banane
pera	Birne
chirimoya	Chirimoya
fresa	Erdbeere
maní	Erdnuss
higo	Feige
granadilla	Grenadille (Passionsfrucht)
pomelo /toronja	Pampelmuse
melón	Melone

tuna	Kaktusfeige
limón	Limone
mango	Mango
naranja	Orange
papaya	Papaya
durazno	Pfirsich
uvas (w Mz)	Weintrauben

¿Algo más quiere?
etwas mehr (er-/sie-)möchte
Darf es noch etwas sein?

Sí, quisiera medio kilo de uvas.
ja, (ich-)möchte-gern halb Kilo von Weintrauben
Ja, ich hätte gern ein Pfund Weintrauben.

No, gracias, es todo.
nein, danke, (er-/sie-)ist alles
Nein, danke. Das ist alles.

Kunsthandwerk

artesanía	Kunsthandwerk
cerámica	Keramik
objetos tallados en madera	Holzschnitzwaren
Objekte geschnitzt in Holz	
objetos de oro/plata	Gold-/Silberwaren
Objekte von Gold/Silber	
objetos de latón/cuero	Messing-/
Objekte von Messing/Leder	Lederwaren
hecho a mano	handgemacht
gemacht zu Hand	

Mitbringsel

kero	Kelch
retablo	(Bilder-)Rahmen
manta	Decke
tapiz	Teppich (auch als Wandbehang)
qepi	Umhängetuch
pulsera	Armband
cadena	Kette
arete	Ohrring
anillo	Ring
poncho	Poncho
chompa (de alpaca)	(Alpaca-)Pullover
chullo	Mütze

im Geschäft

tienda	Geschäft
supermercado	Supermarkt
almacén	Gemischtwarenladen
centro comercial	Einkaufszentrum
abierto	geöffnet
cerrado	geschlossen
necesitar	benötigen, brauchen
precio	Preis
liquidación	Räumungsverkauf

Die Bezeichnungen für die einzelnen Geschäfte setzen sich meistens aus dem Wort für die entsprechende Ware und der Endung -ería zusammen, z. B. libro (Buch), librería (Buchladen).

ferretería	Eisenwarenladen
panadería	Bäckerei
pastelería	Konditorei
papelería	Schreibwarenladen
zapatería	Schuhladen

Lebensmittel

abarrotes (m, Mz)	Lebensmittel
harina	Mehl
leche (w)	Milch
cerveza	Bier
pan	Brot
mantequilla	Butter
queso	Käse
arroz	Reis
espagueti	Spaghetti
jamón	Schinken
quinua	Quinoa
salchicha	Wurst
azúcar	Zucker

Quinoa ist eine Getreideart aus den Hochanden.

Kleidung

probar	anprobieren
tamaño	Größe
muy grande/chico	zu groß/klein
muy largo/corto	zu lang/kurz
sostén	BH
blusa	Bluse
falda	Rock
calzón	Damenslip
camisa	Hemd
calzoncillo	Herrenslip

pantalón	Hose
sombrero	Hut
chaqueta	Jackett
vestido	Kleid
ropa	Kleidung
zapatos (m Mz)	Schuhe
calcetines (m Mz)	Socken
polo	T-Shirt

Hygieneartikel

crema/loción	Creme /Lotion
toalla sanitaria	Damenbinde
Handtuch gesundheitlich	
tampón	Tampon
toalla	Handtuch
peine – cepillo	Kamm – Bürste
lima – tijera	Feile – Schere
hoja de afeitar	Rasierklinge
Blatt von rasieren	
espuma de afeitar	Rasierschaum
Schaum von rasieren	
jabón	Seife
champú	Schampoo
pañuelo	Taschentuch
papel higiénico	Toilettenpapier
Papier hygienisch	
detergente	Waschmittel
algodón	Watte
cepillo de dientes	Zahnbürste
Bürste von Zähne	
pasta de dientes	Zahncreme
Creme von Zähnen	

Fotografieren

Es versteht sich von selbst, dass man die Kamera nicht hemmungslos auf die Einheimischen richtet. Lieber vorher fragen. Nicht selten lassen sich die Leute gegen eine propina, ein kleines „Trinkgeld", knipsen.

Filmmaterial ist in Peru nicht sehr preiswert, dafür aber die Entwicklung von Fotos.

Por favor, ¿me permite tomarle una foto?
für Gefallen, mir (er-/sie-)erlaubt
nehmen-ihm/-ihr ein Foto
Darf ich bitte ein Foto von Ihnen machen?

Voy a mandarle una copia.
(ich-)gehe zu schicken-ihm/-ihr eine Kopie
Ich werde Ihnen einen Abzug schicken.

¿Podría sacarnos una foto, por favor?
(er-/sie-)könnte herausziehen-uns ein Foto,
für Gefallen
Könnten Sie bitte ein Foto von uns machen?

Tiene que apretar aquí.
(er-/sie-)besitzt dass drücken hier
Hier müssen Sie draufdrücken.

¿Por favor, pueden revelarme este rollo?
für Gefallen, (er-/sie-)können entwickeln-mir
dieser Film
Können Sie mir bitte diesen Film entwickeln?

⊚ **¿Cuándo va a a estar listo?**
wann (er-/sie-) geht zu befinden-sich fertig
Wann wird er fertig sein?

⊚ **De cada negativo una copia nueve por trece.**
von jedes Negativ eine Kopie neun für dreizehn
Von jedem Negativ einen Abzug im Format
neun mal dreizehn (Zentimeter).

cámara	Fotoapparat
objetivo	Objektiv
flash	Blitz(licht)
tripié, trípode	Stativ
película, rollo	Film(rolle)
rollo para diapositivas	Diafilm
Rolle für Diapositve	
rollo blanco y negro	Schwarz-Weiß-Film
Rolle weiß und schwarz	
rollo en color	Farbfilm
Rolle in Farbe	
foto (w), **fotografía**	Foto
diapositiva	Dia
sacar/tomar/hacer una foto	fotografieren
herausziehen/nehmen/machen ein Foto	
filmar	filmen
revelar	entwickeln
negativo	Negativ
copia	Abzug

Bank & Post

Die peruanische Landeswährung ist der Sol
(Sonne).

Bank

Geld wechseln und Reiseschecks tauschen
kann man bei Banken, Wechselstuben, in
großen Hotels und privat. Es ist ratsam, US-
Dollars mitzunehmen, da diese überall ge-
tauscht werden. Wechselstuben bieten allgemein den besten Kurs und sind in der Regel
länger geöffnet als Banken.

Vorsicht mit beschädigten Dollarscheinen!

dinero	Geld
banco	Bank
casa de cambio *Kasse von Tausch*	Wechselstube
caja	Kasse
ventanillo	Schalter
en efectivo *in effektiv*	bar
cheque de viajero *Scheck von Reisender*	Reiseschecks
tarjeta de crédito *Karte von Kredit*	Kreditkarte
billete	Banknote
moneda	Münze, Währung
sencillo	Kleingeld
cambiar	wechseln (Geld)
cobrar	einlösen (Scheck)

🔊 **¿Cómo es el cambio del dólar, por favor?**
wie (er-/sie-)ist der Tausch vom Dollar, für Gefallen
Wie ist der Dollarkurs, bitte?

🔊 **Este billete está roto.**
diese Banknote (er-/sie-)befindet-sich kaputt
Dieser Geldschein ist kaputt.

🔊 **¿Puedo pagar con tarjeta?**
(ich-)kann bezahlen mit Karte
Kann ich mit Kreditkarte bezahlen?

Währungen

(un) euro	(Ein) Euro
(ein) euro	
boliviano	Boliviano
boliviano	(Bolivien)
sucre	Sucre
sucre	(Ecuador)
franco suizo	Schweizer Franken
Franc schweizerisch	
dólar	US-Dollar

Post

Pakete nach Europa werden meistens als Luft-
post verschickt. Auch private Zustelldienste
bieten den Service an. In Lima kann man
Fracht per Schiff senden. Das ist wesentlich
billiger und braucht etwa zwei Monate.

¿Cuánto vale esta carta para Austria?
wieviel (er-/sie-)kostet dieser Brief für Österreich
Wie viel kostet dieser Brief nach Österreich?

¡Déme diez sellos de tres soles, por favor!
*(er-/sie-)gebe mir zehn Briefmarken von drei Soles,
für Gefallen*
Geben Sie mir bitte zehn Briefmarken zu
drei Soles.

¿Hay correo para mí?
es-gibt Post für mich
Ist Post für mich da?

Wichtig: Ist der Inhalt für ein Paket nach
Europa nicht für den persönlichen Gebrauch
deklariert, werden (wie für Handelswaren)
Einfuhrsteuern erhoben.

En el paquete hay cosas personales.
in das Paket es-gibt Dinge persönliche
Im Paket sind persönliche Sachen.

remitente	Absender
carta – postal	Brief – Postkarte
sello, estampilla	Briefmarke
sobre	Umschlag
correo aéreo	Luftpost
Post Luft-	
paquete	Paket
porte	Porto
correo	Post(amt)
mandar, enviar	schicken

Telefonieren

Öffentliche Telefonzellen gibt es fast überall. Sehr praktisch sind die Pre-paid-Telefonkarten 147 (ciento cuarenta y siete): Man wählt die 147 auf jedem beliebigen Apparat, also nicht nur auf Kartentelefonen, gibt dann die Geheimzahl der Karte ein und kann anschließend telefonieren. Auslandsgespräche, vor allem nach Europa, sind sehr teuer.

teléfono	Telefon
teléfono público	öffentliche Telefonzelle
Telefon öffentlich	
guía telefónica	Telefonbuch
Führer telefonisch	
sección amarilla	„Gelbe Seiten"
Abteilung gelb	
llamar/hablar por teléfono	telefonieren, anrufen
anrufen/sprechen für Telefon	
marcar	wählen
llamada	Anruf
código de área	Vorwahl
Code von Gebiet	
ocupado	besetzt
equivocado	falsch verbunden

In Peru wird das Telefonnetz von der spanischen Gesellschaft Telefónica *betrieben.*

🕮 **¿Me permite hacer una llamada, por favor?**
mir (er-)laubt machen eine Anruf, für Gefallen
Dürfte ich bitte mal telefonieren?

Peruaner melden sich am Telefon meist mit ¡aló! (hallo!).

¿Con quién hablo?
mit wer (ich-)spreche
Mit wem spreche ich?

Aquí Ana.
hier Ana
Hier spricht Ana.

Quiero hablar con el señor/la señora Chiappa.
möchte sprechen mit der Herr/die Frau Chiappa
Ich möchte Herrn/Frau Chiappa sprechen.

Por favor, ¿está Miguel?
für Gefallen, (er-/sie-)befindet-sich Miguel
Ist Miguel da?

Sí, está.
ja, (er-/sie-)befindet-sich
Ja, er ist da.

No, no está.
nein, nicht befindet-sich
Nein, er ist nicht da.

Un momentito, le llamo.
ein Momentchen, ihn/sie (ich-)rufe
Einen Moment, ich hole ihn/sie.

Voy a llamar más tarde.
(ich-)gehe zu anrufen mehr spät
Ich rufe später nochmal an.

Diculpe, me he equivocado.
(er-/sie-)entschuldige!, mich (ich-)habe geirrt
Entschuldigung, ich habe mich verwählt.

¿Podría dejarle un recado, por favor?
(er-/sie-)könnte lassen-ihm/-ihr eine Nachricht, für Gefallen
Würden Sie ihm/ihr bitte eine Nachricht hinterlassen?

Internet

In allen größeren Städten gibt es Internet-cafés, die stündliche oder halbstündliche Tarife haben. Surfen ist günstiger als in Deutschland, wenn auch manchmal etwas langsamer.

línea	Leitung
cabina de internet	Internetkabine
Kabine von Internet	
correo electrónico	E-Mail
Post elektronisch	
imprimir	(aus)drucken
página	Seite
error	Fehler
página web	Webseite
Seite Web	
llamar por internet	per Internet anrufen
anrufen für Internet	

◎ **No se puede abrir esta página.**
nicht man (er-/sie-)kann öffnen diese Seite
Diese Seite lässt sich nicht öffnen.

◎ **Quiero enviar/leer e-mails.**
(ich-)möchte schicken/lesen e-mails
Ich möchte E-Mails verschicken/abrufen.

◎ **Quisiera imprimir este documento.**
(ich-)möchte-gern drücken dieses Dokument
Ich möchte dieses Dokument ausdrucken.

Ämter & Behörden

Behördengänge sind manchmal unvermeidlich. Etwas Zeit muss man da schon einkalkulieren. Es geht im Allgemeinen sehr geordnet zu.

Höfliches und etwas förmliches Auftreten wird sehr geschätzt. Bitte achten Sie auf angemessene Kleidung.

aduana	Zoll(amt)
embajada	Botschaft
declaración	(Zoll-)Erklärung
fecha de nacimiento	Geburtsdatum
Datum von Geburt	
firmar	unterschreiben
nacionalidad	Staatsangehörigkeit
oficina	Büro
pasaporte (m)	Reisepass
tarjeta de turismo	Touristenkarte
Karte von Tourismus	
visa	Visum

Usted tiene que llenar este formulario.
Sie (er-/sie-)besitzt dass füllen dieses Formular
Sie müssen dieses Formular ausfüllen.

¡Firme aquí, por favor!
(er-/sie-)unterschreibe! hier, für Gefallen
Unterschreiben Sie bitte hier!

Polizei

Por favor, quisiera hacer una denuncia.
für Gefallen, möchte-gern machen eine Anzeige
Ich möchte bitte Anzeige erstatten.

🔊 **Fui asaltado.**
(ich-)war überfallen
Ich bin überfallen worden.

🔊 **Me robaron la mochila.**
mich (er-/sie-)raubten der Rucksack
Man hat mir den Rucksack gestohlen.

policía	Polizei
denuncia	Anzeige
seguro	Versicherung
ladrón	Dieb
asalto	Überfall
robo	Raub
arma	Waffe
pistola	Pistole
cuchillo	Messer
robar	rauben
amenazar	bedrohen

Krank sein

Viele Krankheiten lassen sich vermeiden, wenn man einige Grundregeln befolgt: Vor allem sollte man kein Wasser aus der Leitung trinken und auch nicht in Form von Eiswürfeln zu sich nehmen. Auch Speiseeis kann zu einer Darminfektion führen. Folgenden Spruch kann man sich merken: „Ist es geschält, gekocht oder gebraten, iss es, sonst vergiss es." Trotz aller Vorsichtsmaßnahmen wird man als Reisender wohl früher oder später einen lästigen, aber harmlosen Durchfall durchstehen müssen.

médico, doctor	Arzt
tratamiento	Behandlung
vacuna	Impfung
hospital, clínica	Krankenhaus
posta médica	Krankenstation
Posten medizinisch	
ambulancia	Krankenwagen
radiografía	Röntgenaufnahme
oxígeno	Sauerstoff
inyección	Spritze
consulta	Untersuchung
dentista (m)	Zahnarzt

Arzt- und Krankenhausrechnungen müssen in Peru sofort bezahlt werden. Den Preis für die Behandlung sollten Sie allerdings vorher aushandeln.

beim Arzt

🖉 **Me siento muy mal.**   **Dónde le duele?**
mich fühle sehr schlecht   *wo ihm/ihr schmerzt*
Ich fühle mich sehr   Wo haben Sie
schlecht.   Schmerzen?

In die folgenden beiden Sätze kann man auch
alle Körperteile aus der untenstehenden Liste
einfügen. Achten Sie auf den richtigen Artikel
und ob die Einzahl oder Mehrzahl verwendet
wird.

🖉 **Me duele el estómago.**
mich (er-/sie-)schmerzt der Magen
Ich habe Magenschmerzen.

🖉 **Me duelen los pies.**
mich (sie-)schmerzen die Füße
Mir tun die Füße weh.

		Körperteile
brazo	Arm	
ojo	Auge	
barriga	Bauch	
pierna	Bein	
apéndice	Blinddarm	
sangre (w)	Blut	
pecho	Brust	
intestinos (m Mz)	Darm	
dedo	Finger	
pie	Fuß	

Krank sein

cara	Gesicht
cuello	Hals
mano	Hand
vejiga	Harnblase
piel (w)	Haut
corazón	Herz
rodilla	Knie
rótula	Kniescheibe
hueso	Knochen
cabeza	Kopf
hígado	Leber
labio	Lippe
pulmon	Lungen
estómago	Magen
boca	Mund
músculo	Muskel
nariz	Nase
nervio	Nerv
riñon	Niere
oreja	Ohr
penis	Penis
garganta	Rachen
costilla	Rippe
frente (w)	Stirn
vagina	Vagina
columna vertebral	Wirbelsäule
Säule Wirbel-	
diente	Zahn
lengua	Zunge (auch: Sprache)

Tengo una alergía contra la aspirina.
(ich-)besitze eine Allergie gegen das Aspirin
Ich habe eine Allergie gegen Aspirin.

Me mordió una serpiente.
mich (er-/sie)biss eine Schlange
Mich hat eine Schlange gebissen.

Me torcí el pie.
mir (ich-)drehte der Fuß
Ich bin mit dem Fuß umgeknickt.

Fui picado/picada.
(ich-)war gestochen(m/w)
Ich bin gestochen worden.

Estoy embarazada.
(ich-)befinde-mich schwanger
Ich bin schwanger.

¿Ha sido usted vacunado/vacunada?
(er-/sie-)hat gewesen Sie geimpft(m/w)
Sind Sie geimpft?

Desde hace tres días tengo fiebre/diarrea.
seit (er-/sie-)macht drei Tage (ich-)besitze Fieber/Durchfall
Seit drei Tagen habe ich Fieber/Durchfall.

Tenía que vomitar varias veces.
(ich-)besaß dass erbrechen mehrere Male
Ich musste mehrmals erbrechen.

Tengo ...	**Usted tiene ...**	*Setzen Sie in diese*
(ich-)besitze	*Sie (er-/sie)besitzt*	*Sätze die Wörter der*
Ich habe ...	Sie haben ...	*folgenden Liste ein.*

Krank sein

Krankheiten & Beschwerden

asma (m)	Asthma
dolor de ojo	Augenschmerzen
Schmerz von Auge	
erupción	Ausschlag
dolor de barriga	Bauchschmerzen
Schmerz von Bauch	
inconsciente	bewusstlos
diarrea	Durchfall
inflamación	Entzündung
vómitos	Erbrechen
resfriado	Erkältung
frío	Frösteln
fiebre amarilla (w)	Gelbfieber
Fieber gelb	
úlcera	Geschwür
hepatitis	Hepatitis
soroche	Höhenkrankheit
tos (w)	Husten
infección	Infektion
fractura	Knochenbruch
dolor de cabeza	Kopfschmerzen
Schmerz von Kopf	
enfermo/-a (m/w)	krank
enfermedad (w)	Krankheit
paludismo, malaria	Malaria
dolor de oído	Ohrenschmerzen
Schmerz von Ohr	
hongos (m Mz)	Pilze
dolor	Schmerzen
dolor al orinar	Schmerzen beim
Schmerz beim Urinieren	Wasserlassen
catarro	Schnupfen
vértigo, mareo	Schwindel

quemadura de sol	Sonnenbrand
Verbrennung von Sonne	
tétano	Tetanus
tifus	Typhus
náusea	Übelkeit
quemadura	Verbrennung
estreñimiento	Verstopfung
herida	Wunde
bichos, lombrices	Würmer
dolor de muelas	Zahnschmerzen
Schmerz von Backenzahn	
diabetes	Zuckerkrankheit

🗩 **Tome usted diez gotas diárias/**
   ... tres veces al día.
   (er-/sie-)nehme! Sie zehn Tropfen täglich/
   ... drei Mal zum Tag
   Nehmen Sie täglich/
   ... dreimal täglich zehn Tropfen.

🗩 **Usted tiene que tomar una pastilla**
🗩 **cada cuatro horas.**
   Sie (er-/sie-)besitzt dass nehmen eine Tablette
   jede vier Stunden
   Sie müssen alle vier Stunden eine Tablette
   nehmen.

🗩 **Necesito un recibo con el diagnostico**
🗩 **detallado para mi seguro.**
   (ich-)benötige eine Quittung mit die Diagnose
   ausführlich für meine Versicherung
   Ich brauche eine Quittung mit ausführlicher
   Diagnose für meine Versicherung.

Krank sein

Apotheke

Fast alle Medikamente sind rezeptfrei erhältlich und oft viel günstiger als in Deutschland.

laxante	Abführmittel
antibiótico	Antibiotikum
antihistamínico	Antihystaminikum
farmacia, botica	Apotheke
aspirina	Aspirin
tratamiento	Behandlung
jarabe	Hustensaft
repelente	Insektenschutzmittel
masticar – chupar	kauen – lutschen
medicamento, remedio	Medikament
venda de gasa *Binde von Mull*	Mullbinde
tomar	nehmen
parche	Pflaster
receta	Rezept
crema, pomada	Salbe
bronceador	Sonnencreme
comprimido, tableta	Tablette
termómetro	Thermometer
gota	Tropfen
venda	Verband
supositorio	Zäpfchen
por vía oral *für Weg oral*	zum Einnehmen

Necesito algo contra la diarrea.
(ich-)benötige etwas gegen der Durchfall
Ich brauche etwas gegen Durchfall.

Toilette & Co.

Die Toiletten sind oft sehr einfach. Papier muss man meistens selber mitbringen. In Hotels und touristischen Restaurants entsprechen sie schon eher unseren Standards.

baño	Toilette (auch: Bad)
ocupado	besetzt
libre	frei
damas (w Mz)	Damen
caballeros (m Mz)	Herren
papel higíenico	Toilettenpapier
Papier hygienisch	

Tengo que ir al baño.
(ich-)besitze dass gehen zurToilette
Ich muss mal.

¿Dónde está el baño, por favor?
wo (er-/sie-)befindet-sich die Toilette, für Gefallen
Wo ist die Toilette, bitte?

Falta el papel higíenico.
(er-/sie-)fehlt das Papier hygienisch
Das Toilettenpapier fehlt.

Schimpfen & Fluchen

Die folgende Liste soll nun nicht dazu anleiten, selber Schimpfwörter zu gebrauchen. Vielmehr ist sie dazu gedacht, eine Situation besser zu verstehen. Vor dem Gebrauch sollte man sich vor allem als Gast in diesem Land tunlichst hüten. Ganz besonders beleidigend sind die mit * gekennzeichneten Wörter.

¡Caracho/caramba!	Karamba!
¡Pucha! *verdammt*	Verdammt!
¡No molestes! *nicht (du-)störest*	Stör mich nicht!
¡Vete! *geh!-dich*	Hau ab!
¡Déjame tranquilo/-a! *lass!-mich ruhig(m/w)*	Lass mich in Ruhe!
¡Déjame en paz! *lass!-mich in Frieden*	Lass mich in Frieden!
¡Mierda!*	Scheiße!
huevón* *groß-Ei*	Arsch
concha tu madre* *Fotze deine Mutter*	Arschloch
hijo de puta* *Sohn von Hure*	Hurensohn

Anstatt mierda (in Peru ein sehr starkes Schimpfwort) benutzt man oft das Wortspiel ¡miércoles pucha! (Mittwoch verdammt!).

Literaturhinweise

Wer sich noch eingehender mit der spanischen Sprache vertraut machen möchte, dem empfehle ich:
Spanisch ohne Mühe heute,
Buch-ISBN 2-7005-0107-1
Grundkurs für Anfänger und Wiedereinsteiger. Auch als Multimedia-Kombination mit Tonaufnahmen (Kassetten oder Audio-CDs), erhältlich bei:
Assimil GmbH
Hinter den Hagen 1, D-52388 Nörvenich

Die folgenden Bücher/ Schriften sind – mit Ausnahme des Reiseführers „Peru/Bolivien" – nicht über den Reise Know How-Verlag erhältlich.

Christof Kehr, Ana Rodríguez Lebrón:
Español Uno / Español Dos,
Rowohlt, Reinbeck *(Sprachlehrbuch, 2 Bände, mit Kassetten, viel Umgangssprache)*
Noch mehr über Geschichte und Kultur findet man in:

Catherine Julien:
Die Inka. Geschichte, Kultur, Religion,
C.H. Beck, München

Evamaria Grün:
Die Entdeckung von Peru 1536-1712,
Ed. Erdmann, Stuttgart

Kai Ferreira Schmidt: **Peru/Bolivien.**
Reise Know How-Verlag, Bielefeld
(Reiseführer)

A⁄Z Wörterlisten

Die folgenden Wörterlisten enthalten nur einen Grundwortschatz von jeweils ca. 1000 Wörtern. Nicht aufgenommen wurde Spezialvokabular, das einfacher in den jeweiligen Konversationskapiteln zu finden ist.

Das grammatische Geschlecht ist an der Endung des Hauptwortes ablesbar:

Männliche Hauptwörter
enden immer auf
-o, -r, -n *oder* **-l**
weibliche Hauptwörter *enden immer auf*
-a, -d, -z *oder* **-ción**

Falls das grammatische Geschlecht nicht eindeutig ist, wird (m) für „männnlich", (w) für „weiblich" ergänzt:

foto (w)   Foto
día (m)   Tag

*Unregelmäßige Verben sind mit * gekennzeichnet.* **Unregelmäßige Partizipien** *werden in Klammern genannt:*

abrir (abierto) öffnen

Abkürzungen:

m	*männlich*
w	*weiblich*
Ez	*Einzahl*
Mz	*Mehrzahl*
Umst.	*Umstandswort*
zeitl.	*zeitlich*
örtl.	*örtlich*

A

Abend tarde (w)
Abendessen cena
aber pero
abfahren salir*
Abteil (Zug) sección
alles todo
alt viejo
Alter edad
älter mayor
Ampel semáforo
anbieten ofrecer*
anderer otro
Angestellter empleado
Angst miedo
anhalten parar
ankommen llegar
Anruf llamada
anrufen llamar
Ansichtskarte postal
Antwort respuesta
antworten contestar
Apotheke botica, farmacia
Arbeit trabajo
arbeiten trabajar
Ärger bronca, fastidio
arm pobre
Arzt médico
auch también
Aufenthalt demora
aufhängen colgar*

aufstehen levantarse
Auge ojo
ausführlich detallado
Ausgang salida
ausgezeichnet
excelente
aussprechen
pronunciar
aussteigen bajar

B

Bäckerei panadería
baden, sich bañarse
Badezimmer baño
Bahnhof estación de
ferrocarril
Bahnsteig andén
bald pronto
Bank banco
Batterie pila
Bauer campesino
Baumwolle algodón
bedeuten significar
beeilen, sich
apurarse
beenden terminar
befinden, sich estar
beginnen empezar*
behandeln tratar
Behandlung
tratamiento
bekommen recibir
benötigen necesitar

Benzin gasolina
Berg cerro
Beruf profesión
berühmt famoso
berühren tocar
besetzt ocupado
besitzen tener*
Besitzer dueño
besser mejor
besuchen visitar
betrinken, sich
emborracharse
betrunken borracho
Bett cama
bevor antes
bewegen mover*
bezahlen pagar
Bier cerveza
billig barato
bis (zeitl.) hasta
bisschen, ein
un poco/poquito
bitten rogar*
blau azul
bleiben quedarse
Bluse blusa
Botschaft embajada
Brauch
costumbre (w)
brauchen necesitar
braun marrón
Brief carta
Briefmarke sello,
estampilla

bringen traer*
Brot pan
Brücke puente (m)
Bruder hermano
Buch libro
Buchladen librería
bunt colorado
Büro oficina
Bürste cepillo
Busbahnhof
terminal terrestre

C

Chef jefe (m)
Chili (peruanischer)
ají
China-Restaurant
chifa

D

dahinter atrás
danach después
danke gracias
danken agradecer
dann entonces,
luego, pues
das da eso
dass que
Datum fecha
Decke manta
denken pensar*
deutsch alemán

Deutsche alemana
Deutscher alemán
Deutschland
Alemania
dick gordo
Dieb ladrón
Diebstahl robo
dies hier esto
Ding cosa
doppelt doble
Dorf pueblo
dort allá, allí
dringend urgente
drücken apretar
Dschungel selva
dunkel oscuro
durch por
Dusche ducha

E

echt de verdad
Ecke esquina
Eereignis evento
Ehefrau esposa
Ehemann marido
Ehepaar pareja
Ei huevo
einfach fácil,
sencillo, simple
Eingang entrada
einige algunos
einladen invitar
Einladung invitación

einsteigen subir
eintreten entrar
einverstanden
de acuerdo
Eis helado
Eisenbahn ferrocarril
Eltern padres (m Mz)
empfehlen
recomendar*
empfinden sentir*
Ende final
England Inglaterra
Engländer inglés
Engländerin inglesa
englisch inglés
entscheiden decidir
entschuldigen
perdonar
entwickeln (Film)
revelar
erbrechen vomitar
Erde tierra
erfreut encantado
erhalten recibir
erhöhen aumentar
erinnern, sich
acordarse
erkälten, sich
resfriarse
erklären explicar
erlauben permitir
Erlaubnis permiso
ermäßigen rebajar
Ermäßigung rebaja

erscheinen parecer*
erzählen contar*
es gibt hay
Esel burro
essen comer
essen (zu Abend)
cenar
essen (zu Mittag)
almorzar*
Essen comida
Etage piso
etwas algo

F

Fabrik fábrica
fahren conducir*
Fahrplan horario
Fahrrad bicicleta
Fahrschein boleto
falls si
falsch falso
Familie familla
Farbe color
faul flojo, perezoso
Fehler error
feilschen regatear
Feld chacra
Ferien
vacaciones (w Mz)
fertig listo
feucht húmedo
Fieber fiebre (w)
Film película

Film (zum Foto-grafieren) rollo
Finger dedo
Fisch pez (m)
Fisch (zum Essen) pescado
Flasche botella
Fleisch carne (w)
fleißig trabajador
Flug vuelo
Flughafen aeropuerto
Flugticket pasaje (m)
Flugzeug avión
Fluss río
Formular formulario
fortsetzen continuar
Foto foto (w)
Fotografie fotografía
fotografieren tomar una foto
fragen preguntar
Frau mujer
frei libre
Freund amigo, novio
Freundın amıga, novia
Frieden paz
frieren tener* frío
frisch fresco
Friseur peluquero
früh temprano
Frühstück desayuno
fühlen sentir*

führen conducir*
Führer guía (m)
funktionieren funcionar
für para, por
Fuß pie (m)

G

Gabel tenedor
ganz todo
Garten jardín
Gebäude edificio
geben dar*
Gebirge montaña, sierra
Geburt nacimiento
Geburtstag cumpleaños (m Mz)
Gedeck cubierto
gefährlich peligroso
gefallen gustar
Gefallen favor
gegen contra
gegenüber enfrente
Gehalt sueldo
gehen ir*
gelb amarillo
Geld dinero, moneda
genießen disfrutar
genug bastante
Gepäck equipaje (m)
geradeaus recto, derecho

Gericht plato
gern con mucho gusto
Geschäft negocio, tienda
Geschenk regalo
Gesetz ley (w)
gestern ayer
gesund sano
Gesundheit salud
Getränk bebida
getrennt separado
gewinnen ganar
Glas (Trink-) vaso
glauben creer
gleich igual
Glück suerte (w)
glücklich feliz
Gold oro
grau gris
Grenze frontera
groß grande
Größe tamaño
größer mayor
Großmutter abuela
Großvater abuelo
grün verde
Grund causa
grüßen saludar
gültig válido
gut bueno
gut (Umst.) bien

A_Z Deutsch – Castellano

H

haben (Hilfsverb)
haber*
haben (Vollverb)
tener*
Hafen puerto
hallo! ¡hola!
Haltestelle parada
Hand mano (w)
Handel negocio
handeln regatear
Handtuch toalla
Hängematte hamaca
hart duro
hässlich feo
Hauptstadt capital
(w)
Haus casa
Häuserblock cuadra
heben levantar
Heilmittel remedio
heiraten casarse
heiß caliente
heißen llamarse
helfen ayudar
Hemd camisa
herbringen traer*
Herbst otoño
Herz corazón
herzlich cariñoso
herzlich willkommen!
bienvenido!
heute hoy

hier aquí, acá
hinbringen llevar
hinlegen, sich
acostarse
hinter atrás, detrás
hinuntersteigen
bajar
hoch alto
Hochebene altiplano
hochsteigen subir
hoffen esperar
Höhenkrankheit
soroche (m)
Holz madera
hören escuchar, oír
Hose pantalón
Hotel hotel
Hotel (einfaches)
hostal
Huhn pollo
Hund perro
Husten tos
Hut sombrero
Hütte cabana

I

immer siempre
Impfung vacuna
in en
in Richtung hacia
Innenhof patio
Insektenschutzmittel
repelente (m)

Insel isla
interessant
interesante
interessieren für,
sich interesarse por
irren, sich
equivocarse

J

ja sí
Jahr año
Jahreszeit estación
jeder cada uno
jedes Mal cada vez
jemand alguien
jener aquel
jetzt ahora
jung joven
Junge chico
jünger menor

K

Kaffee café
kalt frío
Kamera cámara
kaputt roto
Käse queso
Kasse caja
Kastilisch castellano
kaufen comprar
kaufen vender
kein ningún

kennen conocer*
Kino cine (m)
Kirche iglesia
klar claro
Kleidung ropa, vestido
klein chico, pequeño
kleiner menor
Kleingeld sencillo
Kneipe bar
kochen cocinar
Koffer maleta
kommen venir*
können poder*
kontrollieren controlar
korrekt correcto
kosten (probieren) costar*
kosten (Preis) valer
kostenlos gratuito
krank enfermo
Krankenhaus hospital
Krankheit enfermedad
Kraut yerba
Kräutertee mate (m)
Kreditkarte tarjeta de crédito
Krieg guerra
Kunsthandwerk artesanía
kurz corto

Kuss beso
küssen abrazar, besar

L

lächeln sonreír*
Laden tienda
Laken sábana
Land campo, país (m)
landen aterrizar
Landkarte mapa (m)
Landschaft paisaje (m)
lang largo
langsam despacio, lento
langweilig aburrido
lassen dejar
laufen caminar
Leben vida
leben vivir
Lebensmittel alimentos (Mz)
lecker sabroso
ledig soltero
leer vacío
legen poner* (puesto)
lernen aprender
lesen leer
letzter último
Leute gente (w)
Licht luz

Liebe amor
lieben amar, querer*
liebenswürdig amable
lieber mögen preferir*
Lied canción
links a la izquierda
Lkw camión
Löffel cuchara
Luft aire (m)
Lust haben tener* ganas

M

machen hacer* (hecho)
Mädchen chica, niña
Mais choclo
man se
manchmal a veces
Mann hombre (m)
Mark marco
Markt mercado
Meer mar
Meerschweinchen cuy (m)
mehr más
Menge cantidad
Mensch hombre (m)
Menü menú (m)
Messer cuchillo
mieten alquilar

Milch leche (w)
Mineralwasser agua mineral
Minibus colectivo
Minute minuto
mit con
Mittag mediodía (m)
Mittagessen almuerzo
Mittenacht medianoche (w)
mögen gustar, querer*
Monat mes
morgen mañana
Morgen mañana
Motorrad moto (w)
Mücke zancudo
müde cansado
Müll basura
müssen tener* que
Mutter madre (w)

N

nach a
Nachmittag tarde (w)
Nachname apellido
Nachricht noticia, recado
nächster próximo
Nacht noche (w)
Nachtisch postre (m)
nah cerca

Name nombre
nass mojado
Nationalität nacionalidad
Natur naturaleza
neben al lado
nehmen tomar
nein no
neu nuevo
nicht no
nichts nada
niemals nunca
niemand nadie
noch todavía
noch ein otro
noch einmal otra vez
normal regular
notwendig necesario
Nudel tallarín
Nummer número
nur nomás, solo

O

ob si
oben arriba
oder o
Ofen horno
öffnen abrir (abierto)
ohne sin
Öl aceite (m)
orange naranja
Ort lugar
Österreich Austria

Österreicher austríaco
Österreicherin austríaca
österreichisch austríaco

P

Paket paquete (m)
parken aparcar, estacionar
Parkplatz playa de estacionamiento
Person persona
Pflanze planta
Platz plaza
Polizei policía
Post correo
Preis precio
Problem problema (m)
Pullover chompa
pünktlich puntual

Q

Qualität calidad
Quittung recibo

R

Radio radio (w)
rasieren, sich afeitarse

Rat consejo

rauben robar

rauchen fumar

Rechnung cuenta

Recht derecho

rechts a la derecha

Regen lluvia

Regenschirm paraguas (m)

regnen llover*

reich rico

reif maduro

Reifen llanta

Reis arroz (m)

Reise viaje (m)

Reisebüro agencia de viaje

reisen viajar

Reisender viajero

Reisepass pasaporte (m)

Rentner pensionado

reparieren arreglar

reservieren reservar

Richtung dirección

rot rojo

Rucksack mochila

ruhig tranquilo

S

Sache cosa

Saft jugo

sagen decir* (dicho)

Salat ensalada

Salz sal (w)

satt satisfecho

sauber limpio

säubern limpiar

sauer ácido

scharf picante

schauen mirar

Scheck cheque (m)

scheinen parecer*

schicken enviar, mandar

schießen tirar

Schiff barco

Schinken jamón

schlafen dormir*

Schlafsack sliping (m)

schlecht mal

schlechter peor

schließen cerrar*

schlimmer peor

Schlüssel llave (w)

schmackhaft sabroso

Schmerz dolor

schmutzig sucio

Schnaps aguardiente (m)

schnell rápido

schon ya

schön bonito, lindo

schrecklich horrible

schreiben escribir (escrito)

Schreibwarenladen librería

schreien gritar

Schuh zapato

Schuhputzer lustrabotas (m)

schwanger embarazada

schwarz negro

schwatzen charlar

Schwein chancho

Schweiz Suiza

Schweizer suizo

Schweizerin suiza

schweizerisch suizo

Schwester hermana

schwierig difícil

See lago

sehen ver (visto)

sehr muy

Seife jabón

Seil cuerda

sein estar, ser*

seit desde

Seite (Richtung) lado

selbst mismo

selten raro

senden mandar

setzen, sich sentarse*

sicher seguro

Silber plata

Sitzplatz asiento

so así, tan

sofort en seguida
Softdrink gaseosa
Sohn hijo
Sommer verano
Sonderangebot rebaja
Sonne sol
Sorgen machen, sich preocuparse
Spanisch (Lateinamerika) castellano
Spanisch (Spanien) español
sparen ahorrar
spät tarde
spazieren gehen pasear
Spaziergang paseo
spielen jugar*
Sport deporte (m)
Sprache idioma (m)
sprechen hablar
Staat estado
Stadt ciudad
stark fuerte
stehen pararse
stehlen robar
Stein piedra
stellen poner* (puesto)
sterben morir (muerto)
stören molestar
Strand playa

Straße calle (w)
Straße (Land-) carretera
Streichhölzer fósforos (Mz)
Streik huelga
Student estudiante
studieren estudiar
Stuhl silla
Stunde hora
suchen buscar
Süden sur

T

Tabak tabaco
Tablette pastilla
Tag día (m)
Tal valle (m)
tanzen bailar
Tasche bolsa
Taschenlampe literna
Taschentuch pañuelo
tauschen cambiar
Tee té (m)
Teller plato
teuer caro
Tier animal
Tisch mesa
Tochter hija
Toilette baño
Toilettenpapier papel higiénico

toll bestial
Tourist turista (m)
Träger portador
traurig triste
treffen encontrar*
Trinkgeld propina
trocken seco
tun hacer* (hecho)
Tür puerta

U

üben praticar
über sobre
Überfahrt pasaje (m)
übersetzen traducir*
Übersetzer traductor
Uhr reloj (m)
um zu para
umarmen abrazar
Umhängetuch qepi (m)
Umschlag sobre (m)
Umwelt medio ambiente
und y
Unfall accidente (m)
unglaublich increíble
Universität universidad
unten abajo
unter bajo
unterhalten, sich charlar

Unterkunft
hospedaje (m)
unterschreiben
firmar
Unterschrift firma
Urlaub
vacaciones (w Mz)
Ursache causa

V

Vater padre (m)
Vegetarier
vegetariano
Verbrennung
quemadura
vergessen olvidar
verlaufen, sich
perderse
verlieben, sich
enamorarse
verlieren perder*
Verlobte novia
Verlobter novio
verstehen
comprender
versuchen tratar
verteidigen
defender*
viel mucho
vielleicht quizas,
quizá, de repente
Visum visa
voll lleno

von, aus de
vor (örtl.) delante
vor (zeitl.) hace
vorbereiten preparar
vorgestern anteayer
vorher antes
Vormittag mañana
vorstellen presentar
vorstellen, sich (etw.)
imaginar
Vorwahl código
vorziehen preferir*

W

Wagen carro
Waggon vagón
während durante
Wahrheit verdad
Wald bosque
wandern caminar
Wandteppich tapiz
wann? ¿cuándo?
warm caliente
Wärme calor
warum? ¿por qué?
was? ¿qué?
waschen lavar
waschen, sich
lavarse
Wasser agua
Wechselgeld
vuelto
Wechselkurs cambio

Weg camino
wegen por
weggehen irse
weil porque
Wein vino
weinen llorar
weiß blanco
weit lejos
weitermachen
continuar
welche/-r/-s? ¿cuál?
welche/-r/-s que
wenig poco
weniger menos
wenn cuando, si
wer? ¿quién?
Werkstatt taller
Wetter tiempo
wie como
wie? ¿cómo?
wie viel? ¿cuánto?
Wind viento
Winter invierno
Wirtschaft economía
wissen saber*
Wltwe vluda
Witwer viudo
wo? ¿dónde?
Woche semana
wohin? ¿adónde?
Wohnung
departamento,
habitación

Deutsch – Castellano

Wort palabra
Wörterbuch diccionario
Wunde herida

Z

zahlen pagar
zählen contar*
Zahnarzt dentista (m)

zeigen mostrar*
Zeit tiempo
Zentrum centro
ziemlich bastante
Zimmer cuarto
Zoll aduana
zu a
zu Fuß a pie
zu sehr demasiado
Zucker azúcar

zufrieden contento
Zug tren
Zukunft futuro
zurückkehren volver* (vuelto), regresar
zusammen junto
zuviel demasiado
zwischen entre

A

a nach, zu

a la derecha rechts

a la izquierda links

a pie zu Fuß

a veces manchmal

abajo unten

abrazar umarmen, küssen

abrir (abierto) öffnen

abuela Großmutter

abuelo Großvater

aburrido langweilig

acá hier

accidente (m) Unfall

aceite (m) Öl

ácido sauer

acordarse sich erinnern

acostarse sich hinlegen

¿adónde? wohin?

aduana Zoll

aeropuerto Flughafen

afeitarse sich rasieren

agencia de viaje Reisebüro

agradecer danken

agua Wasser

agua mineral Mineralwasser

aguardiente (m) Schnaps

ahora jetzt

ahorrar sparen

aire (m) Luft

ají peruanischer Chili

al lado neben

alemán deutsch, Deutscher

alemana Deutsche

Alemania Deutschland

algo etwas

algodón Baumwolle

alguien jemand

algunos einige

alimentos (Mz) Lebensmittel

allá, allí dort

almorzar* (zu Mittag) essen

almuerzo Mittagessen

alquilar mieten

altiplano Hochebene

alto hoch

amable liebenswürdig

amar lieben

amarillo gelb

amiga Freundin

amigo Freund

amor Liebe

andén Bahnsteig

animal Tier

año Jahr

anteayer vorgestern

antes vorher, bevor

aparcar parken

apellido Nachname

aprender lernen

apretar drücken

apurarse sich beeilen

aquel jener

aquí, acá hier

arreglar reparieren

arriba oben

arroz (m) Reis

artesanía Kunsthandwerk

así so

asiento Sitzplatz

aterrizar landen

atrás (da)hinter

aumentar erhöhen

Austria Österreich

austríaca Österreicherin

austriaco österreichisch, Österreicher

avión Flugzeug

ayer gestern

ayudar helfen

azúcar Zucker

azul blau

B

bailar tanzen
bajar aussteigen, hinuntersteigen
bajo unter
bañarse sich baden
banco Bank
baño Toilette, Badezimmer
bar Kneipe
barato billig
barco Schiff
bastante genug, ziemlich
basura Müll
bebida Getränk
besar küssen
beso Kuss
bestial toll
bicicleta Fahrrad
bien gut (Umst.)
bienvenido! herzlich willkommen!
blanco weiß
blusa Bluse
boleto Fahrschein
bolsa Tasche
bonito schön
borracho betrunken
bosque Wald
botella Flasche
botica Apotheke
bronca Ärger

bueno gut
burro Esel
buscar suchen

C

cabana Hütte
cada uno jeder
cada vez jedes Mal
café Kaffee
caja Kasse
calidad Qualität
caliente heiß, warm
calle (w) Straße
calor Wärme
cama Bett
cámara Kamera
cambiar tauschen
cambio Wechselkurs
caminar wandern, laufen
camino Weg
camión Lkw
camisa Hemd
campesino Bauer
campo Land
canción Lied
cansado müde
cantidad Menge
capital (w) Hauptstadt
cariñoso herzlich
carne (w) Fleisch

caro teuer
carretera (Land-)Straße
carro Wagen
carta Brief
casa Haus
casarse heiraten
castellano Kastilisch, Spanisch
causa Grund, Ursache
cena Abendessen
cenar (zu Abend) essen
centro Zentrum
cepillo Bürste
cerca nah
cerrar* schließen
cerro Berg
cerveza Bier
chacra Feld
chancho Schwein
charlar schwatzen, sich unterhalten
cheque (m) Scheck
chica Mädchen
chico Junge
chico klein
chifa China-Restaurant
choclo Mais
chompa Pullover
cine (m) Kino
ciudad Stadt

claro klar

cocinar kochen

código Vorwahl

colectivo Minibus

colgar* aufhängen

color Farbe

colorado bunt

comer essen

comida Essen

como wie

¿cómo? wie?

comprar kaufen

comprender verstehen

con mit

con mucho gusto gern

conducir* führen, fahren

conocer* kennen

consejo Rat

contar* zählen, erzählen

contento zufrieden

contestar antworten

continuar fortsetzen, weitermachen

contra gegen

controlar kontrollieren

corazón Herz

correcto korrekt

correo Post

corto kurz

cosa Sache, Ding-

costar* kosten, probieren

costumbre (w) Brauch

creer glauben

cuadra Häuserblock

¿cuál? welche(r,-s)?

cuando wenn

¿cuándo? wann?

¿cuánto? wie viel?

cuarto Zimmer

cubierto Gedeck

cuchara Löffel

cuchillo Messer

cuenta Rechnung

cuerda Seil

cumpleaños (m Mz) Geburtstag

cuy (m) Meerschweinchen

D

dar* geben

de von, aus

de acuerdo einverstanden

de repente vielleicht

de verdad echt

decidir entscheiden

decir* (dicho) sagen

dedo Finger

defender* verteidgen

dejar lassen

delante vor (örtl.)

demasiado zuviel, zu sehr

demora Aufenthalt

dentista (m) Zahnarzt

departamento Wohnung

deporte (m) Sport

derecho geradeaus; Recht

desayuno Frühstück

desde seit

despacio langsam

después danach

detallado ausführlich

detrás hinter

día (m) Tag

diccionario Wörterbuch

difícil schwierig

dinero Geld

dirección Richtung

disfrutar genießen

doble doppelt

dolor Schmerz

¿dónde? wo?

dormir* schlafen

ducha Dusche

dueño Besitzer

durante während

duro hart

E

economía Wirtschaft
edad Alter
edificio Gebäude
embajada Botschaft
embarazada schwanger
emborracharse sich betrinken
empezar* beginnen
empleado Angestellter
en in
en seguida sofort
enamorarse sich verlieben
encantado erfreut
encontrar* treffen
enfermedad Krankheit
enfermo krank
enfrente gegenüber
ensalada Salat
entonces dann
entrada Eingang
entrar eintreten
entre zwischen
enviar schicken
equipaje (m) Gepäck
equivocarse sich irren
error Fehler
escribir (escrito) schreiben

escuchar hören
eso das da
español Spanisch (Spanien)
esperar hoffen
esposa Ehefrau
esquina Ecke
estación Jahreszeit
estación de ferrocarril Bahnhof
estacionar parken
estado Staat
estampilla Briefmarke
estar sich befinden, sein
esto dies hier
estudiante Student
estudiar studieren
evento Ereignis
excelente ausgezeichnet
explicar erklären

F

fábrica Fabrik
fácil einfach
falso falsch
familia Familie
famoso berühmt
farmacia Apotheke
fastidio Ärger
favor Gefallen

fecha Datum
feliz glücklich
feo hässlich
ferrocarril Eisenbahn
fiebre (w) Fieber
final Ende
firma Unterschrift
firmar unterschreiben
flojo faul
formulario Formular
fósforos (Mz) Streichhölzer
foto (w) Foto
fotografía Fotografie
fresco frisch
frío kalt
frontera Grenze
fuerte stark
fumar rauchen
funcionar funktionieren
futuro Zukunft

G

ganar gewinnen
gaseosa Softdrink
gasolina Benzin
gente (w) Leute
gordo dick
gracias danke
grande groß
gratuito kostenlos

gris grau
gritar schreien
guerra Krieg
guía (m) Führer
gustar gefallen, mögen

H

haber*
haben (Hilfsverb)
habitación
Wohnung
hablar sprechen
hace vor (zeitl.)
hacer* (hecho)
machen, tun
hacia in Richtung
hamaca Hängematte
hasta bis (zeitl.)
hay es gibt
helado Eis
herida Wunde
hermana Schwester
hermano Bruder
hija Tochter
hijo Sohn
¡hola! hallo!
hombre (m) Mann, Mensch
hora Stunde
horario Fahrplan
horno Ofen
horrible schrecklich

hospedaje (m)
Unterkunft
hospital
Krankenhaus
hostal
einfaches Hotel
hotel Hotel
hoy heute
huelga Streik
huevo Ei
húmedo feucht

I

idioma (m) Sprache
iglesia Kirche
igual gleich
imaginar
sich (etw.) vorstellen
increíble unglaublich
Inglaterra England
inglés englisch, Engländer
inglesa Engländerin
interesante
interessant
interesarse por sich interessieren für
invierno Winter
invitación
Einladung
invitar einladen
ir* gehen
irse weggehen

isla Insel

J

jabón Seife
jamón Schinken
jardín Garten
jefe (m) Chef
joven jung
jugar* spielen
jugo Saft
junto zusammen

L

lado Seite (Richtung)
ladrón Dieb
lago See
largo lang
lavar waschen
lavarse sich waschen
leche (w) Milch
leer lesen
lejos weit
lento langsam
levantar heben
levantarse aufstehen
ley (w) Gesetz
libre frei
librería Buchladen, Schreibwarenladen
libro Buch
limpiar säubern
limpio sauber

lindo schön
listo fertig
literna Taschenlampe
luego dann
lugar Ort
lustrabotas (m)
Schuhputzer
luz Licht

LL

llamada Anruf
llamar anrufen
llamarse heißen
llanta Reifen
llave (w) Schlüssel
llegar ankommen
lleno voll
llevar hinbringen
llorar weinen
llover* regnen
lluvia Regen

M

madera Holz
madre (w) Mutter
maduro reif
mal schlecht
maleta Koffer
mañana morgen-
mañana Morgen,
Vormittag

mandar schicken,
senden
mano (w) Hand
manta Decke
mapa (m) Landkarte
mar Meer
marco Mark
marido Ehemann
marrón braun
más mehr
mate (m) Kräutertee
mayor größer, älter
medianoche (w)
Mittenacht
médico Arzt
medio ambiente
Umwelt
mediodía (m) Mittag
mejor besser
menor kleiner, jünger
menos weniger
menú (m) Menü
mercado Markt
mes Monat
mesa Tisch
miedo Angst
minuto Minute
mirar schauen
mismo selbst
mochila Rucksack
mojado nass
molestar stören
moneda Geld
montaña Gebirge

morir (muerto)
sterben
mostrar* zeigen
moto (w) Motorrad
mover* bewegen
mucho viel
mujer Frau
muy sehr

N

nacimiento Geburt
nacionalidad
Nationalität
nada nichts
nadie niemand
naranja orange
naturaleza Natur
necesario notwendig
necesitar benötigen,
brauchen
negocio Handel,
Geschäft
negro schwarz
niña Mädchen
ningún kein
no nicht, nein
noche (w) Nacht
nomás nur
nombre Name
noticia Nachricht
novia Freundin,
Verlobte
novio Freund,

Verlobter
nuevo neu
número Nummer
nunca niemals

O

o oder
ocupado besetzt
oficina Büro
ofrecer* anbieten
oír hören
ojo Auge
olvidar vergessen
oro Gold
oscuro dunkel
otoño Herbst
otra vez noch einmal
otro noch ein,
anderer

P

padre (m) Vater
padres (m Mz) Eltern
pagar (be)zahlen
país (m) Land
paisaje (m)
Landschaft
palabra Wort
pan Brot
panadería Bäckerei
pantalón Hose
pañuelo Taschentuch

papel higiénico
(Toiletten-)Papier
paquete (m) Paket
para für, um zu
parada Haltestelle
paraguas (m)
Regenschirm
parar anhalten
pararse stehen
parecer*
(er)scheinen
pareja Ehepaar
pasaje (m) Überfahrt,
Flugticket
pasaporte (m)
Reisepass
pasear
spazieren gehen
paseo Spaziergang
pastilla Tablette
patio Innenhof
paz Frieden
película Film
peligroso gefährlich
peluquero Friseur
pensar* denken
pensionado Rentner
peor schlechter,
schlimmer
pequeño klein
perder* verlieren
perderse
sich verlaufen
perdonar entschuldigen

perezoso faul
permiso Erlaubnis
permitir erlauben
pero aber
perro Hund
persona Person
pescado
Fisch (zum Essen)
pez (m) Fisch
picante scharf
pie (m) Fuß
piedra Stein
pila Batterie
piso Etage
planta Pflanze
plata Silber
plato Teller, Gericht
playa Strand
**playa de
estacionamiento**
Parkplatz
plaza Platz
pobre arm
poco wenig
poder* können
policía Polizei
pollo Huhn
poner* (puesto)
stellen, legen
por wegen, durch, für
¿por qué? warum?
porque weil
portador Träger
postal (Ansichts-)Karte

postre (m) Nachtisch
praticar üben
precio Preis
preferir* vorziehen, lieber mögen
preguntar fragen
preocuparse sich Sorgen machen
preparar vorbereiten
presentar vorstellen
problema (m) Problem
profesión Beruf
pronto bald
pronunciar aussprechen
propina Trinkgeld
próximo nächster
pueblo Dorf
puente (m) Brücke
puerta Tür
puerto Hafen
pues dann
puntual pünktlich

Q

qepi (m) Umhängetuch
que dass, welche/-r/-s
¿qué? was?
quedarse bleiben
quemadura Verbrennung
querer* lieben, mögen
queso Käse
¿quién? wer?
quizá vielleicht
quizas vielleicht

R

radio (w) Radio
rápido schnell
raro selten
rebaja Ermäßigung, Sonderangebot
rebajar ermäßigen
recado Nachricht
recibir erhalten, bekommen
recibo Quittung
recomendar* empfehlen
recto geradeaus
regalo Geschenk
regatear handeln, feilschen
regresar zurückkehren
regular normal
reloj (m) Uhr
remedio (Heil-)Mittel
repelente (m) Insektenschutz-mittel
reservar reservieren

resfriarse sich erkälten
respuesta Antwort
revelar (Film) entwickeln
rico reich
río Fluss
robar stehlen, rauben
robo Diebstahl
rogar* bitten
rojo rot
rollo Film (zum Fotografieren)
ropa Kleidung
roto kaputt

S

sábana Laken
saber* wissen
sabroso lecker, schmackhaft
sal (w) Salz
salida Ausgang
salir* abfahren
salud Gesundheit
saludar grüßen
sano gesund
satisfecho satt
se man
sección Abteil (Zug)
seco trocken
seguro sicher
sello Briefmarke

selva Dschungel
semáforo Ampel
semana Woche
sencillo Kleingeld
sencillo einfach
sentarse*
sich setzen
sentir* fühlen,
empfinden
separado getrennt
ser* sein
si ob, wenn, falls
sí ja
siempre immer
sierra Gebirge
significar bedeuten
silla Stuhl
simple einfach
sin ohne
sliping (m)
Schlafsack
sobre über
sobre (m) Umschlag
sol Sonne
solo nur
soltero ledig
sombrero Hut
sonreír* lächeln**soroche (m)**
Höhenkrankheit
subir einsteigen,
hochsteigen
sucio schmutzig
sueldo Gehalt

suerte (w) Glück
Suiza Schweiz
suiza Schweizerin
suizo schweizerisch,
Schweizer
sur Süden

T

tabaco Tabak
tallarín Nudel
taller Werkstatt
tamaño Größe
también auch
tan so
tapiz Wandteppich
tarde spät
tarde (w) Abend,
Nachmittag
tarjeta (de crédito)
(Kredit-)Karte
té (m) Tee
temprano früh
tenedor Gabel
tener* besitzen,
haben (Vollverb)
tener* frío frieren**tener* ganas**
Lust haben
tener* que müssen
terminal terrestre
Busbahnhof
terminar beenden
tiempo Zeit, Wetter

tienda Laden,
Geschäft
tierra Erde
tirar schießen
toalla Handtuch
tocar berühren
todavía noch
todo alles, ganz
tomar nehmen
tomar una foto
fotografieren
tos Husten
trabajador fleißig
trabajar arbeiten
trabajo Arbeit
traducir* übersetzen
traductor Übersetzer
traer* (her)bringen
tranquilo ruhig
tratamiento
Behandlung
tratar behandeln,
versuchen
tren Zug
triste traurig
turista (m) Tourist

U

último letzter
un poco/poquito
ein bisschen
universidad Universität
urgente dringend

V

vacaciones (w Mz) Ferien, Urlaub
vacío leer
vacuna Impfung
vagón Waggon
valer kosten (Preis)
válido gültig
valle (m) Tal
vaso (Trink-)Glas
veces: a veces manchmal
vegetariano Vegetarier
vender kaufen
venir* kommen
ver (visto) sehen
verano Sommer
verdad Wahrheit
verde grün
vestido Kleidung
viajar reisen
viaje (m) Reise
viajero Reisender
vida Leben
viejo alt
viento Wind
vino Wein
visa Visum
visitar besuchen
viuda Witwe
viudo Witwer
vivir leben
volver* (vuelto) zurückkehren
vomitar erbrechen
vuelo Flug
vuelto Wechselgeld

Y

y und
ya schon
yerba Kraut

Z

zancudo Mücke
zapato Schuh

Die Autorin

Grit Weirauch (Jahrgang 1973) lebt in Berlin. In Saarbrücken und Berlin studierte sie Hispanistik. Als sie diesen Sprachführer schrieb, reiste sie gerade durch Peru und arbeitete ein halbes Jahr in Cusco an einem deutsch-peruanischen Kulturinstitut.

Schon während des Studiums und auf zahlreichen Reisen durch Spanien und Lateinamerika beschäftigte sie sich vor allem mit der Umgangssprache in den einzelnen spanischsprachigen Ländern.

Nachweise

ZSUZSA BÁNK (* 1965)
Heißester Sommer
  Aus: Dies.: *Heißester Sommer. Erzählungen*. S. Fischer Verlag GmbH, Frankfurt am Main 2005.

ROBERT GERNHARDT (1937 – 2006)
Toscana mia
  (Auszug: Frühjahr / Sommer 1990) S. Fischer Verlag GmbH, Frankfurt am Main 2005.

JUDITH HERMANN (* 1970)
Acqua alta
  Aus: Dies.: *Nichts als Gespenster. Erzählungen*. S. Fischer Verlag GmbH, Frankfurt am Main 2005.

FLORIAN ILLIES (* 1971)
1913. Der Sommer des Jahrhunderts
  (Auszug: Juli, August) S. Fischer Verlag GmbH, Frankfurt am Main 2012.

EVA MENASSE (* 1970)
Haus am See
  Aus: Dies.: *Lieber aufgeregt als abgeklärt. Essays*. Verlag Kiepenheuer & Witsch GmbH & Co. KG, Köln 2015.

ALICE MUNRO (* 1931)
Japan erreichen
  Aus: Dies.: *Liebes Leben. 14 Erzählungen.* Aus dem Englischen von Heidi Zerning. S. Fischer Verlag GmbH, Frankfurt am Main 2005.

FERNANDO PESSOA (1888–1935)
O Lissabon, du meine Heimstatt. Der Dichter als Flaneur (Auszug)
  S. Fischer Verlag GmbH, Frankfurt am Main 2009.

CHRISTOPH RANSMAYR (* 1954)
Ein Leben auf Hooge
  Aus: Ders.: *Der Weg nach Surabaya. Reportagen und kleine Prosa.* S. Fischer Verlag GmbH, Frankfurt am Main 1997.

CLAUDIA RUSCH (* 1971)
Mein Rügen
  (Auszug: Von Hühnergöttern, Bernsteinaugen und dem Geräusch des Meeres. Wittows Nordküste; …und die Bucht singt leise mit. Kap Arkona und Umgebung) mare Verlag, Hamburg 2010.

DANIEL SPECK (* 1969)
Bella Germania (Auszug)
  S. Fischer Verlag GmbH, Frankfurt am Main 2016.

PETER STAMM (* 1963)
Treibgut
  Aus: Ders.: *Der Lauf der Dinge. Gesammelte Erzählungen.* S. Fischer, Frankfurt am Main 2014.

KURT TUCHOLSKY (1890–1935)
Die Kunst, falsch zu reisen
    Aus: Ders.: *Gesammelte Werke in 10 Bänden*. Bd. 7. Rowohlt,
    Reinbek 1975.

ROGER WILLEMSEN (1955–2016)
Diesseits von Nirwana. Der Dalai Lama in Nordindien
    Aus: Ders.: *Gute Tage. Begegnungen mit Menschen und
    Orten*. S. Fischer Verlag GmbH, Frankfurt am Main 2004.

JULI ZEH (*1974)
Dann fahr doch!
    Aus: *Die Zeit*. Ausgabe 11 / 2003.

Florian Illies
1913
Der Sommer des Jahrhunderts

Virtuos entfaltet Florian Illies das Panorama eines unver-
gleichlichen Jahres, in dem unsere Gegenwart beginnt. In
Literatur, Kunst und Musik werden die Extreme ausgereizt.
Proust sucht nach der verlorenen Zeit, Malewitsch malt ein
Quadrat, Benn liebt Lasker-Schüler, Strawinsky feiert das
Frühlingsopfer, Kirchner gibt der Metropole ein Gesicht
– und in München verkauft ein österreichischer Postkarten-
maler namens Adolf Hitler seine biederen Stadtansichten.
Wie kein anderer erweckt der elegante Stilist Florian Illies
mit leisem Humor den Zauber eines Schlüsselmoments der
Kulturgeschichte zum Leben.

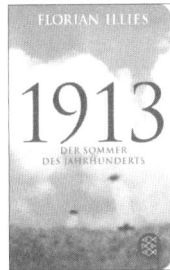

432 Seiten, gebunden

Weitere Informationen finden Sie auf
www.fischerverlage.de

Judith Hermann
Nichts als Gespenster
Erzählungen

»Nichts als Gespenster« ist Judith Hermanns zweiter Er-
zählungsband. Sie erzählen vom Lieben und Reisen und
davon, wie sich Liebe und Reisen auf wundersame Weise
ähnlich sind. Mit großer literarischer Meisterschaft entfaltet
Judith Hermann den ihr eigenen unwiderstehlichen Sog und
mächtigen Zauber.

»Die Geschichten des neuen Buches sind so traumverlo-
ren, traurig, liebesuchend, abschiednehmend, weiterfragend,
zweifelnd, verzweifelt, glücklich neubeginnend schön wie
damals, wie heute. [...] Widerstehen kann man nicht.«
Volker Weidermann

320 Seiten, broschiert

Weitere Informationen finden Sie auf
www.fischerverlage.de